DORIS KAMPAS

DAS PHÄNOMENALE ERNTEBEET

Deine Zeit, deine Fläche, dein Lieblingsobst und -gemüse:
Schaff dir einen Nutzgarten, der genau zu dir passt

illustriert und gestaltet von Ruth Veres

Löwenzahn

UND MITTEN REIN INS GEWUCHER …
INHALTSVERZEICHNIS

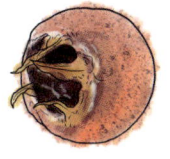
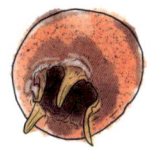

BASICS, GANZ VIEL KNOW-HOW UND INSPIRATION FÜRS KOPFGEMÜSEKINO

SO FINDEST DU DEN WEG IN DEINEN GARTEN ... UND DICH IN DIESEM BUCH ZURECHT

Egal, ob dein Garten ein Schattendasein fristet, deine Terrasse im Hochsommer einer Steinwüste gleicht oder dein Balkon auf kleinem Fuß lebt: Mit diesem Buch kannst du jeden Winkel in ein Fleckchen Grün verwandeln – und darauf sogar etwas anbauen. Lass Gemüse, Obst und Kräuter aus Töpfen, Beeten, Kisten oder die Wände hinaufwachsen und schon bald werden dir selbst in der verstecktesten Ecke Puffbohnen, Pflücksalate und Himbeeren entgegensprießen. Los geht's.

Im ersten Teil findest du alles, was du wissen musst, um das ganze Jahr über das Beste aus deinem Garten oder Balkon herauszuholen. Und dabei geht es zunächst einmal: um dich! Und eine **Bestandsaufnahme**, wie viel Zeit du für deine Pflanzen-Lieblinge aufwenden möchtest, welcher Platz dir zur Verfügung steht und vor allem, was du ernten möchtest. Denn: Klar macht es einen Unterschied, ob du deinen Salat mit frischen Kräutern pimpen möchtest oder dich so gut es geht mit Selbstangebautem versorgen willst. Ganz viel Info, wie du zunächst einmal die Lage sondierst und die wichtigsten Eckpunkte absteckst, findest du ab Seite 8.

Und dann? Einfach mal die Augen zumachen und losträumen. Mit den **7 Themengärten fürs Kopfgemüsekino** kannst du gedanklich schon mal durch deinen Lieblingsnutzgarten streifen. Du hast wenig Zeit, möchtest aber trotzdem nicht auf selbst angebautes Gemüse verzichten? Dann wäre vielleicht das „Wenig-Zeit-aber-viel-Bock-auf-Gemüse-Beet" was für dich. Du liebst es, Dinge auszuprobieren oder dich durch Geschmäcker aus aller Welt zu kosten? Dann schau mal auf Seite 19 zum „Wow-wo-hast-du-

denn-das-her-Beet". Das Angebot an frischem, saisonalem Gemüse macht dich traurig, wenn du dich im Winter auf die Suche nach Vitaminen machst? Dann ist wahrscheinlich das „Frisches-Gemüse-will-ich-365-Tage-lang-Beet" das richtige für dich. Blättere vor auf Seite 18 für ganz viel Inspiration.

Und dann geht's auch schon richtig los! Zück Stift und Schaufel und schaff dir dein phänomenales Erntebeet. In **Jetzt wird gebuddelt, gepflanzt ... und geerntet!** findest du alle Basics ganz genau erklärt: welche Pflanzen am liebsten in der Sonne wachsen und welche gut mit schattigeren Ecken zurechtkommen, wie du die Qualität deines Bodens verbesserst, Wege klug anlegst, Beete auf einer Wiese aufziehst oder eine satte Ernte einfährst, auch wenn du gar keinen Garten hast – Pflanztürme, Wände, Hochbeete, Kistchen für die Fensterbank sind nur einige Möglichkeiten, um überall Zucchini, Erdbeeren oder Rosmarin wachsen zu lassen. Darüber hinaus bekommst du einige Kniffe, wie du Platz sparen kannst, indem du nebeneinander und nacheinander anpflanzt, und viele Infos darüber, wie du deine Beete gesund hältst und auch im Winter mit Salaten und Gemüse aus deinen Beeten Vielfalt in deinen Speiseplan bringst. Schmökere hinein ab Seite 21.

Damit du alle Anbau- und Erntezeiten nicht aus dem Blick verlierst, findest du vorne im Buch ein **wunderschönes, herausnehmbares Poster**.

Fehlt also nur noch, dass sich deine Pflanzen unglaublich wohlfühlen und so Früchte und Knollen und Wurzeln ohne Ende sprießen lassen. In **Lieblingsplatz Erntebeet** geht es ums Mulchen und Düngen, um Krankheiten und Schädlinge und darum, wie du deine Pflanzen am besten vor Kälte und Hitze schützt. Schau auf Seite 90 für mehr Info.

In **Dein wild-fruchtiger Obsttraum** dreht sich alles, ja, um Beerensträucher, Obstbäume und wilde Obstsorten, die du in keinem Laden findest. Wenn du einen großen Garten hast, sind Obstbäume ein Highlight, denn sie versorgen dich mit den süßesten, saisonalen Früchten. Aber auch an Wänden, entlang von Zäunen oder in Töpfen kannst du Obst ganz einfach anbauen und dich mit Felsenbirnen, Himbeeren und Pfirsichen in den Früchtehimmel katapultieren. Neugierig? Ab Seite 118 findest du mehr dazu.

Und dann? Schaufel raus und los!
Nachdem du dich durch die Basics gelesen hast, weißt du schon genau, was du willst und wo gepflanzt werden soll – prima! Fehlen nur noch die Anleitungen dafür. Und genau diese **Schritt-für-Schritt-Anleitungen, detaillierten Pläne und Tipps für deine Anbauflächen** findest du im zweiten Teil des Buches. Das Beste daran: Alle sind ganz individuell abwandelbar und anpassungsfähig an genau deinen Standort – ein Bausatzsystem, mit dem du aus jeder Ecke das Gemüsigste rausholen kannst. Zum Beispiel erfährst du, wie du Kartoffeln aus Säcken erntest, was du alles aus einem kleinen Hügelbeet herausholen kannst, wie du Asia-Gemüse die Wände hinaufwachsen lässt oder wie der Kompostplatz zum Place-to-be für dein Gemüse wird. Im Hochbeet

wächst einfach alles, auch dafür gibt es zwei phänomenale Anbaupläne. Und falls du dein Gemüse am liebsten direkt im Boden zur Hochform auflaufen lässt, gibt es auch hier für die unterschiedlichsten Gegebenheiten Bepflanzungsvorschläge. Worauf wartest du noch? Alles dazu ab Seite 136.

Lass uns gemeinsam Beete aufziehen, Saatgut verteilen, Pflanzen hätscheln und ernten, ernten, ernten!

LASS UNS DEN ERSTEN SCHRITT WAGEN: DIE BESTANDSAUFNAHME

Du willst dein eigenes Obst und Gemüse anpflanzen, deine eigenen Kräuter ernten und den perfekten Nutzgarten anlegen, der genau zu deinem Leben passt – so viel steht schon mal fest. Du scharrst in den Startlöchern und möchtest sofort mit dem Anbauen, Pflanzen und Ernten loslegen? Verständlich. Bevor es richtig los geht, lehne dich zurück, denke nach und checke die Lage:

DEINE ZEIT: STUNDENLANG GRABEN ODER LIEBER HAUPTSÄCHLICH ERNTEN?

Ganz ohne Einsatz geht es nicht. Ein Nutzgarten braucht Zeit: fürs Anbauen, Pflegen und Ernten. Wie viel genau, zeigt dir die folgende Aufstellung:

Dein Garten oder Balkon soll nach einem stressigen Arbeitstag dein Ort der Erholung und Freude sein. Starte dein Projekt Bio-Nutzgarten daher lieber klein und erweitere den Anbau nach und nach. Du wirst bald einschätzen können, wie sich dein Bio-Garten in deinen Alltag integrieren lässt und wie viel Zeit du für ihn aufbringen kannst und willst.

ART	GRÖSSE	TÄTIGKEITEN	ZEITAUFWAND
Gemüsebeet im Garten	2 m²	Vorbereitungen der Beete, säen, anpflanzen, hacken, mulchen, düngen, jäten, biologischer Pflanzenschutz, ernten	ca. 1 Stunde/Woche; Vorbereitungen im Frühjahr: ca. 2–3 Stunden
		gießen	ca. 1 Stunde/Woche
Hochbeet	2 m²	Vorbereitungen der Beete, säen, anpflanzen, hacken, mulchen, düngen, jäten, biologischer Pflanzenschutz, ernten	ca. ¼–½ Stunde/Woche; Vorbereitung im Frühjahr: ca. 1–2 Stunden
		gießen	ca. ¼–½ Stunde/Woche
Auf dem Balkon (Kisten und Tröge)	2 m²	Vorbereitungen der Beete, säen, anpflanzen, hacken, mulchen, düngen, jäten, biologischer Pflanzenschutz, ernten	ca. ¼–½ Stunde/Woche; Vorbereitung im Frühjahr: ca. 1–2 Stunden
		gießen	ca. ½–1 Stunde/Woche

DEIN PLATZ: WIE VIEL HAST DU FÜR OBST, GEMÜSE UND KRÄUTER ÜBRIG?

Halte bei deinem Lagecheck die Größe von Balkon oder Garten fest. Eine kleine Handskizze mit den richtigen Maßen und bereits bestehenden Strukturen, z.B. eine Spielwiese oder eine Sitzecke, hilft dir einen ersten Überblick zu gewinnen.

Welche Einflüsse von innerhalb und außerhalb deines Gartens eine Rolle für die Wahl des Obst- und Gemüsebereiches spielen, liest du ab Seite 11.

Klar: Auf die Größe deines Gartens oder Balkons hast du keinen Einfluss. Doch keine Sorge, auch von einem kleinen Fleckchen erzielst du eine ansehnliche Ernte.

DEIN ERNTEWUNSCH: WIE VIEL MÖCHTEST DU AM ENDE DES TAGES AUS DEINEN BEETEN HOLEN?

Die Größe deines Nutzgartens hängt nicht nur von der Fläche deines Gartens ab, sondern vor allem davon, wie viel du ernten willst. Genügt es dir, ab und zu ein paar Radieschen zu knabbern? Oder möchtest du täglich mit frischem, selbst geerntetem Gemüse kochen?

Es gibt eine einfache Kenngröße, wie viel so ein Gemüsegärtchen abwirft:

Ertrag/Quadratmeter Beet = 8-10 kg Gemüse pro Jahr

Mit diesem Ertrag kannst du bei einem geschickten Anbau mit Mischkulturen und Wintergemüse rechnen, also mehreren aufeinanderfolgenden Gemüsearten auf derselben Beetfläche.

Je nach Gemüseart, der Qualität deines Bodens und der Witterung variiert deine Erntemenge. Ab Seite 40 zeige ich dir, wie du auch aus kleinen Flächen besonders hohe Erträge rausholen kannst. Sogar auf einem kleinen Balkon mit wenigen Quadratmetern ist eine üppige Ernte möglich.

Die folgende Tabelle zeigt dir den durchschnittlichen Ertrag je Gemüse auf einem Quadratmeter Beet.

GEMÜSEART	DURCHSCHNITTLICHER ERTRAG IN KG/M²
Brokkoli	2-3
Buschbohnen	2-3
Chili	4
Erbsen	1
Feldsalat	0,2
Fenchel	1,5-2
Gurken	5-6
Karfiol/Blumenkohl	2
Karotten	5-6
Kohl	4
Kohlrabi	3-4
Kohlsprossen/Sprossenkohl	2-3
Kopfsalate	2,5
Kürbis je Sorte	7-20
Mais	3-4
Mangold	2,5
Melanzani/Auberginen	6-7,5
Paprika	5,5
Pastinaken	5-6
Pflücksalate	3
Porree/Lauch	4
Radieschen	1
Rettiche	1,5-2
Rote Bete	4
Rucola	0,3
Sellerie	4
Spinat	0,75
Stangenbohnen	2-3,5
Tomaten	8-15
Weiß- oder Rotkohl	4
Zucchini	5-6
Zwiebeln	4

Dein ungefährer Jahresbedarf hilft dir, Gemüse gezielt anzubauen – damit du so viel erntest, wie du brauchst und bewältigen kannst. Wie du deinen Jahresbedarf für Gemüse ganz einfach ermittelst, liest du im Kasten.

Voller Erntekorb rund ums Jahr: Menge, Platz und Zeitaufwand einfach ermittelt

Beobachte eine Zeit lang – z. B. 1-2 Wochen –, wie viel Gemüse du brauchst, und notiere die Mengen auf einem Zettel. Das könnte so aussehen:

200 g Paprika (ca. 2 Stück)
500 g Tomaten
500 g Zucchini
500 g Karotten
500 g Zwiebeln
200 g Gurke (ca. 1 Stück)
100 g Salat oder Asia-Gemüse
1 kg Rot- oder Weißkohl
3,5 kg frisches Gemüse/Woche
x 52 Wochen
= 182 kg frisches Gemüse/Jahr
-3,5 kg x 6 Wochen (Urlaub, auswärts essen)
= 161 kg Gesamtbedarf/Jahr

Je nach Saison ist natürlich anderes Gemüse reif. Statt Zucchini im Sommer gibt es im Herbst Kürbis, statt Paprika knabberst du im Frühling knackigen Kohlrabi und anstelle von Rotkohl im Winter holst du im Sommer grüne Bohnen aus deinem Garten.

Im Schnitt liegt dein Gemüsebedarf in unserem Beispiel bei 3,5 kg/Woche. Das hört sich jetzt mal nicht viel an, aber in einem Jahr (also in 52 Wochen) kommen stattliche 182 kg Gemüse zusammen. Ziehe davon noch einige Wochen ab, z. B. für Urlaub oder auswärts Essengehen. Gehen wir in unserem Beispiel von 6 Wochen aus. Es bleiben also ca. 160 kg Gemüse übrig, die du im Laufe eines Jahres verbrauchst (frisch und konserviert).

Für 160 kg Gemüse benötigst du 16–20 m² Anbaufläche. Für die Betreuung dieser Fläche fallen in einem normalen Gartenbeet ca. 8–10 Stunden Arbeit pro Woche an. Als glückliche*r Besitzer*in mehrerer Hochbeete (du brauchst 8 Stück) bist du 2–4 Stunden pro Woche mit deinem Biogemüse beschäftigt. Dazu kommen etliche Stunden fürs Gießen, sowohl des Bodenbeetes als auch der Hochbeete. Ein Bewässerungssystem (Seite 114) entlastet dich.

Zu viel Aufwand und/oder dir fehlt der Platz?

Wie du siehst, brauchen die 160 kg Gemüse nicht nur viel Platz, sondern machen auch ganz schön viel Arbeit. Mit Hochbeeten oder dem Anbau in Töpfen und einer Bewässerung kannst du den Arbeitsaufwand deutlich reduzieren. Auch für den Platzmangel gibt es Auswege: z. B. Vertikalbeete, ertragreichere Flächen wie Hügelbeete und eine geschickte Planung. Baue z. B. Gemüse an, das über einen längeren Zeitraum höhere Erträge liefert. In unserem Beispiel sind das Tomaten, Paprika, Gurken und Zucchini. Dazwischen passt noch Pflücksalat als Mischkultur. Das Erntegewicht von Salat ist zwar nicht besonders hoch, aber Pflücksalat kannst du längere Zeit laufend ernten. Rotkohl, Karotten und Zwiebeln „besetzen" das Gemüsebeet hingegen lange und du erntest sie nur einmal. Hier spricht auch nichts gegen einen Einkauf auf dem Markt oder beim*bei der Bio-Bäuer*in.

Es bleiben also 1,5 kg Gemüseernte in der Woche, das sind 69 kg im Jahr (6 Wochen Abwesenheit bereits abgezogen). Tomaten & Co. haben einen höheren Ertrag/m² (mehr dazu in der Tabelle Ertrag/Gemüseart auf Seite 9), darum brauchst du nicht so viel Platz. 6 m² Fläche sind jetzt ausreichend, und auch der Aufwand für die Betreuung deiner Pflanzen wird weniger. Jetzt sind es nur mehr 3 Stunden pro Woche! Zu Tomaten, Paprika und Co. kannst du zusätzlich Vor- und Nachkulturen wie Spinat, Feldsalat, Radieschen oder Wintergemüse anbauen.

GROSS ODER KLEIN, BEPFLANZT ODER LEER, SONNIG ODER SCHATTIG? MACH DAS BESTE AUS DEINEM GARTEN ODER BALKON

Unabhängig davon, ob du in deinem Garten oder auf deinem Balkon bereits etwas anbaust oder vollkommen neu startest – nimm deinen Platz genauer unter die Lupe. Denn der erfolgreiche Anbau von Obst und Gemüse hat oft weniger mit deinem gärtnerischen Geschick zu tun als mit den äußeren Umständen. Auf den nächsten Seiten zeige ich dir, was auf eine erfolgreiche Ernte Einfluss nimmt und wie du das Beste aus jeder Situation machst.

Da wurde schon mal gebaut

In vielen Gärten gibt es bereits Gebäude oder befestigte Flächen, z. B. eine Gartenhütte, ein Carport, Zäune und Mauern, eine befestigte Einfahrt oder einen Weg. Je nach Lage lassen sich manche Gebäude sogar zur Erweiterung deines Obst- und Gemüsegartens nutzen. An Carport oder Zäunen können Weintrauben, Kiwis oder stachellose Brombeeren emporklettern. Im sonnigen Windschatten der Gartenhütte gedeihen Feigen optimal. Und Mauern verschönerst du mit einem vertikalen Gemüsegarten. Mehr dazu findest du ab Seite 54.

Achtung: Die Hütte verbraucht nicht nur Platz, sondern wirft auch Schatten.

Die Gartenhütte wirft nur Schatten? Dann nutze diesen Bereich zum Beispiel für deinen Kompostplatz (blättere auf Seite 90).

Auf befestigte Flächen passen auch Töpfe und Tröge, und hast du nicht schon immer von einem Zaun aus duftenden Kräutern entlang eines Weges geträumt?

Ein gepflasterter Platz – daneben eine Thujenhecke: Hier könnte Gemüse in Töpfen, Trögen oder Hochbeeten wachsen. Augen zu und einfach mal vorstellen …

Unter der Erde

Viele Bauten wie Hütten oder Zäune verfügen über ein Fundament, d. h. unter der Erde befinden sich Beton oder Steine. Dieses Fundament kann sich unterirdisch sogar etwas weiter in den Garten erstrecken als das Bauwerk selbst. Wundere dich also nicht, wenn du eine Pflanze setzen willst und du plötzlich auf Gestein stößt. Setze die Pflanze entweder etwas weiter entfernt und schräg Richtung (Gebäude-) Wand oder pflanze sie gleich in einen Trog.

Flächenkollektoren von Erdwärmepumpen werden zwar in 1,5–2 Meter Tiefe verlegt, senken aber dennoch die Temperatur des Bodens. Gemüsewurzeln bekommen also kalte Füße. Abhilfe verschaffen erhöhte Beete, Hoch- und Hügelbeete (schau auf Seite 153). Halte sicherheitshalber Rücksprache mit deinem Erdwärme-Berater. Obstbäume darfst du hier nicht pflanzen, denn sie wurzeln zu tief und könnten die Flächenkollektoren beschädigen.

Unter so mancher Gartenfläche befindet sich ein alter, vergessener Keller. Im Laufe der Zeit wurde dieser – geplant oder nicht – mit Erde zugeschüttet. Pass also auf beim Aufbau von Hochbeeten! Diese bekommen nämlich ein ganz schönes Gewicht und können Risse an der Kellerdecke oder noch Schlimmeres verursachen.

Dasselbe gilt übrigens auch bei neu errichteten Wohnanlagen, z. B. im städtischen Bereich. Statt eines alten Kellers befindet sich vielleicht eine Tiefgarage oder eine Shopping-Mall unter der Erde. Frage bei der Hausverwaltung an, mit wie viel kg/m² du die Fläche belasten darfst. Mehr Informationen zum Hochbeet-Gewicht gibt es auf Seite 49.

Kein Platz zum Buddeln? Deine grünen Buddies wachsen auch in Pflanzgefäßen.

Pflanzen im Garten

Du hast Hecken oder große Bäume in deinem Garten? Sie stellen eine Konkurrenz zu neuen Pflanzen dar. Mit ihren Wurzeln entnehmen sie dem Boden Nährstoffe und Wasser, fürs Gemüse bleibt dann nichts mehr übrig. Auch junge Bäume haben wenig Chancen neben den alten Riesen. Wenn der vor vielen Jahren gepflanzte lebende Weihnachtsbaum zu viel Nadeln und Schatten wirft, darf er den Garten auch mal verlassen – um Platz für Neues zu schaffen. Und wie wäre es, wenn du die Thujenhecke durch eine essbare Wildobsthecke (mehr dazu auf Seite 125) ersetzt?

Kleiner Weihnachtsbaum ganz groß – daneben haben es Gemüse oder Obstbäume schwer.

Denk an deine Nachbar*innen

Ein Kompostplatz (mehr Infos auf Seite 90) direkt vor der Terrasse des Nachbarhauses geht gar nicht. Oder stachelige, stark wachsende Brombeerpflanzen, die mit ihren Ausläufern den Nachbargarten durchwuchern. Besonders in kleinen Reihenhaussiedlungen ist gegenseitige Rücksichtnahme wichtig. Umgekehrt können natürlich auch Elemente vom Grundstück deiner Nachbar*innen deine Gartennutzung beeinflussen. Mauern, Bäume oder Hecken werfen

Schatten, oder die Pflanzen strecken ihre Wurzeln in deinen Garten. Frag doch einfach an, ob du angrenzende Mauern, z. B. für Spalierobst (Seite 148) verwenden darfst. Und vielleicht kürzt dein*e Nachbar*in auch gern ihre*seine Hecke, damit du weniger Schatten in deinem Garten hast.

Sonne, Wind, Wetter und (Höhen-)Lage

Wenn du es dir aussuchen darfst, dann sieht der ideale Platz für deinen Nutzgarten so aus: sonnig, windstill, eben, eine Höhenlage von 0 bis 500 Meter und regelmäßiger Niederschlag. Nur leider ist das Leben kein Wunschkonzert, und während der eine Garten im (Halb-)Schatten liegt, pfeift beim anderen der Wind durch. Den Wind bremst du mit kleinen Hecken, Hügel- und Hochbeeten (mehr dazu auf Seite 153), einem Erdwall rund ums Beet oder einem Frühbeet(-Aufsatz) (schau auf Seite 110). Im (Halb-)Schatten gedeihen mehr Gemüsearten als gedacht: Mangold, Spinat, Rote Melde, Feldsalat, Asia-Gemüse, Kresse, Rucola, Kohlgewächse, Zwiebelgewächse, Pastinaken, Schwarzwurzeln, Petersilie, Karotten und einige Kräuter wie Schnittlauch, Borretsch, Zitronenmelisse, Schnittknoblauch und Kapuzinerkresse.

Gegen zu viel oder zu wenig Niederschlag, hohe und kühle oder heiße und trockene Standorte kannst du dich auf vielerlei Weise wappnen: Wähle die für deinen Garten passenden Pflanzen aus, schütze die Pflanzen vor Kälte (Seite 108) oder Hitze (Seite 112), installiere einer Bewässerung bei Trockenheit oder schirme einzelne Pflanzen vor zu viel Nässe ab.

Etwas anspruchsvoller wird es, wenn dein Garten geneigt ist, also in einer Hanglage liegt. Pflanze Obst- und Beerensträucher direkt in den Hang. Ebne fürs Gemüsebeet einen Teil des Hanges ein und stütze die entstandene Terrasse mit Steinen, Mauern oder Hochbeeten ab. Frage bei starken Neigungen sicherheitshalber eine*n Expert*in (z.B. Bauingenieur*in, Gärtner*in) um Rat, damit der Hang nicht ins Rutschen kommt.

Auf Balkon und Terrasse

Das Gärtnern auf Balkon und Terrasse kann dir mehr Vorteile bringen, als es auf den ersten Blick scheinen mag. Balkone und Terrassen sind windgeschützter, die Abwärme des Hauses hilft deinen Pflanzen rund ums Jahr – besonders im Winter. Den mangelnden Platz gleichst du durch vertikales Gärtnern (Seite 51), Säulen- und Spalierobst (Seite 148) und eine geschickte Bepflanzungsplanung (Seite 136) aus. Und statt direkt in den Boden zu pflanzen, verwendest du schicke Töpfe, Tröge, Terrassenbeete, Pflanzampeln, Blumenkästen und was dir sonst noch gefällt. Du sparst dabei nicht nur Arbeit, sondern hast auch weniger Probleme mit Krankheiten, unliebsamen Tieren (wie Schnecken oder Wühlmäusen) und Beikraut.

> **Achtung:**
> Achte auf deinem (frei schwebenden) Balkon oder der Terrasse auf das Gewicht deiner Pflanzgefäße. Meist liegt die maximal zulässige Traglast bei 250–300 kg/m². Erkundige dich bei deiner Hausverwaltung.

GEH DEINEM GARTEN AUF GRUND UND BODEN

Worauf wir täglich stehen oder gehen, ist die Grundlage unseres Lebens: der Boden.

Deinen Pflanzen gibt der Boden (fast) alles, was sie brauchen: Nahrung, Wasser, Halt und Schutz. Wie gut deine Gemüsepflanzen wachsen und gedeihen, hängt daher zu einem großen Teil von der Qualität deines Bodens ab.

Schneller Selbstcheck

Einen ersten Eindruck von deinem Boden bekommst du schon mit einer einfachen Untersuchung. Nimm etwas Erde in die Hand, feuchte sie leicht an und knete sie dann zwischen den Fingern. Wird sie sofort hart? Oder rieselt sie durch deine Hände? Zerbröckelt sie langsam in verschieden große Stücke? Zu harte Erde ist sehr tonig, rieselnde sehr sandig. Beide Erden verbesserst du mit Humusaufbau. Die bröckelige Erde besteht hingegen aus der richtigen Kombination aus Ton, Schluff und Sand und bietet gute Voraussetzungen für deinen Gemüsegarten.

Auch der Geruch gibt Auskunft über die Bodenqualität. Die angenehme, nach frischer Erde duftende Probe sticht klarerweise einen muffeligen oder gar fauligen Geruch. Um die Ursache dafür zu finden, musst du etwas näher hinsehen.

Geh in die Tiefe

Um deinen Boden besser beurteilen zu können, hilft dir ein Blick in die obersten 30–40 cm. Grabe dazu ein etwa 40 × 40 cm großes und 40 cm tiefes Loch ins zukünftige Beet. Wähle eine Stelle, wo Pflanzen wachsen. Aus der Aushuberde und den Rändern des Loches liest du vieles über deinen Boden heraus.

Check zunächst deinen Boden: Wie riecht er, wie fühlt er sich an?

Gewachsen oder geschüttet?

Der Boden kommt in deinem Garten in zwei verschiedenen Formen vor: entweder gewachsen oder aufgeschüttet. Ein gewachsener Boden ist über einen sehr langen Zeitraum natürlich durch Verwitterung und Ablagerungen entstanden. Ihn erkennst du am schichtweisen Aufbau. Unter einer humosen, dunklen oberen Bodenschicht kommt eine andersfarbige (oft hellere) Schicht. Der Übergang ist meist fließend, da Bodentierchen wie Regenwürmer die Bodenteile von oben nach unten – und umgekehrt – verfrachten. Ein Übergang mit klar erkennbarer Abgrenzung verweist entweder auf eine Bodenverdichtung oder einen aufgeschütteten Boden.

Hier siehst du eine breite Humusschicht auf einem mächtigen, lehmigen Unterboden.

Tipp:
Falls du den ganzen Aufbau deines Bodens sehen willst, musst du noch wesentlich tiefer buddeln, nämlich etwa 1,5 Meter.

Auf einen aufgeschütteten Boden wurde Erde, Humus und manchmal auch anderes Material von „außen" auf den vorhandenen Boden geschüttet. Du erkennst ihn an der scharfkantigen Abgrenzung zwischen der (oft recht dünnen) Humusschicht und dem darunterliegenden Boden, der einen deutlichen Farbunterschied aufweist. Aufgeschüttete Böden findet man überall dort, wo Unebenheiten ausgeglichen wurden, und vor allem in kleinen (Reihenhaus-) Siedlungen oder im städtischen Bereich. Leider wurde früher bei der Errichtung von Wohnanlagen oft Bauschutt im Garten entsorgt. Zum Glück ist diese Vorgehensweise seit einigen Jahren verboten, Besitzer*innen älterer Anlagen erleben aber immer wieder Überraschungen mit plötzlich auftauchenden Beton- oder Metallteilen. „Bauschuttböden" und schlecht aufgeschüttete Böden umgehst du mit erhöhten Beeten, Hügel- oder Hochbeeten (mehr ab Seite 40).

Humus – die Haut unserer Erde

Humus nennt man die zersetzte organische Substanz im Boden. Pflanzenreste und abgestorbene kleine Tierchen werden von Regenwürmern, Insekten, Mikroorganismen und Pilzen ab- und zu wertvollem Humus umgebaut. Humus ernährt die Pflanzen, stabilisiert den Boden und speichert Regenwasser und Kohlendioxid. Wie wertvoll Humus für unser Klima ist, steht auf Seite 16.

Humus ist die oberste Bodenschicht, sie ist dunkel, in ihr tobt das Leben, und sie ist von unzähligen Wurzeln durchzogen.

Je mächtiger die Humusschicht ist, desto gesünder und besser wachsen deine Pflanzen. Humus kannst du in deinen Beeten ganz gezielt aufbauen (mehr dazu ab Seite 31).

Es kreucht und fleucht

In einer Handvoll Boden gibt es mehr Lebewesen als Menschen auf der Erde. Die meisten davon siehst du nicht, doch auch der Anteil an „großen" Tieren ist ein wichtiges Merkmal für die Qualität des Bodens. Wimmelt es in deiner Erdprobe von Regenwürmern? Herzlichen Glückwunsch! Der Regenwurm ist DER Bodenbauer in deinem Garten. Er frisst und verdaut Pflanzenreste und baut mit den mineralischen Teilen im Boden wertvolle Krümel auf. Diese speichern Wasser und geben Nährstoffe langsam an die Pflanzen ab. Pflanzenwurzeln nutzen die Regenwurmgänge, um weiter in die Tiefe zu wachsen. Zudem läuft Regenwasser leichter ab, viele Regenwürmer im Boden helfen also auch gegen Staunässe.

Ohne Regenwürmer läuft im Garten nichts.

Bodencheck im Labor

Umfassende Infos über deinen Boden liefert dir ein Labor. Entscheide dich für ein Institut, das ökologische Bodenanalysen anbietet. Denn die meisten klassischen Analysen geben dir lediglich Empfehlungen für mineralische Düngung, die in der konventionellen Landwirtschaft eingesetzt wird. Und die hat in einem biologischen Nutzgarten nun wirklich nichts zu suchen.

Beim biologischen Bodencheck erhältst du Auskunft über:
» Humusgehalt des Bodens
» pH-Wert
» Zusammensetzung des Bodenlebens
» Wasserspeichervermögen
» direkt verfügbare und im Boden gebundene Nährstoffe

Dazu bekommst du Empfehlungen, wie du das Bodenleben aktivierst, im Boden vorhandene Nährstoffe für die Pflanzen verfügbar machst, für ein ausgewogenes Nährstoffverhältnis sorgst, Bodenverdichtungen aufhebst und einiges mehr. Eine Empfehlung für ein ökologisches Analyseinstitut findest du im Anhang auf Seite 165.

JEDE KAROTTE ZÄHLT!

Zwischen 40 und 50 Prozent der globalen Treibhausgasemissionen gehen auf die Lebensmittelproduktion zurück. Diese entstehen entweder direkt beim Anbau von Pflanzen und der Aufzucht von Tieren oder durch die weiterführende Verarbeitung, also in der Industrie, beim Transport, der Kühlung usw.

Anders ausgedrückt: In jeder Kalorie, die wir zu uns nehmen, stecken (je nach Lebensmittel) zwischen 5 und 20 Kalorien verbrauchter Energie. Ein ganz schöner Luxus, unser Essen, oder?

Energiefresser sind Produktion und Ausbringung von mineralischen Düngemitteln und chemisch-synthetischen Pflanzenschutzmitteln, Massentierhaltung, Beheizung von Gewächshäusern, Geräteeinsatz und einiges mehr. Was weniger bekannt ist: Unsere Atmosphäre wird nicht nur durch den Energieverbrauch, sondern sogar noch viel direkter getroffen. Rinder „rülpsen" Methan in die Luft, bei der Düngung wird Lachgas frei, und durch die Abholzung der Regenwälder für die Futtermittelproduktion gelangen Unmengen an CO_2 in die Luft.

Wir müssen nicht einmal bis zum Regenwald schauen, denn auch heimische Felder und sogar Gärten schleudern Jahr für Jahr CO_2 in die Luft. Wie? Durch den Verlust von Humus! Humus ist ein enormer CO_2-Speicher. Weltweit ist in Böden mehr Kohlenstoff gespeichert als in allen oberirdischen Pflanzenteilen und der Atmosphäre zusammen. Durch das jährliche Umgraben mit Pflug oder Spaten und die Erosion durch Wind und Wetter geht immer mehr Humus verloren und damit CO_2 in die Luft.

Kannst du als Einzelperson bei all diesen globalen Problemen überhaupt etwas bewirken? Durchaus! Denn auch dein Beitrag zählt, und wenn du nur einen einzigen anderen Menschen überzeugst mitzumachen, hast du schon viel bewegt!

SO WIRD DEIN GARTEN ODER BALKON ZUM KLIMAGARTEN

Kompostiere

Ein Kompostplatz kann ganz klein sein und passt sogar in Form einer Wurmkiste auf deinen Balkon. Bei der Kompostierung entsteht aus Pflanzenrückständen Humus, der CO_2 speichert. Zudem wirkt dein Kompost als wertvoller, ohne Energieaufwand produzierter Dünger.

Humus, Humus, Humus

Unternimm alles, um in deinem Garten eine dicke Humusschicht aufzubauen. Wie deine Beete zu Humus-Weltmeistern werden, liest du auf Seite 39.

Kaufe torffreie Bio-Erde

Moore sind enorme Kohlenstoffsenken. Mit jedem Sack gekaufter Torf-Erde bläst du CO_2 in die Luft. Andersrum: Mit jedem Sack torffreier Bio-Erde verhinderst du die Vernichtung wichtiger Moorgebiete.

Lass Wind und Wetter keine Chance

Starker Regen schwemmt, Wind bläst die oberen Erdkrümel davon. Diesen Vorgang nennt man Erosion, durch die Jahr für Jahr große Mengen an Humus und damit aktivem CO_2-Speicher verloren gehen. Die Erosion bekommst du im Garten leicht in den Griff: Lasse niemals eine Fläche unbedeckt. Mulche deine Beete, auch zwischen den Pflanzen. Decke nicht bepflanzte Flächen im Herbst mit Laub ab oder säe Wintergemüse wie Spinat, Feldsalat oder Asia-Gemüse.

Noch mehr Bodenschonung

Sauerstoff regt die Mikroorganismen im Boden dazu an, organische Stoffe umzubauen. Dabei atmen sie CO_2 aus. Je mehr Luft du beim Umstechen in den Boden bringst, desto aktiver sind die kleinen Tierchen. Lockere den Boden vor dem Anbauen daher nur wenig und möglichst schonend.

Das Klima liebt Bohnen und Erbsen – und du?

Beide Gemüsearten gehören zur Familie der Hülsenfrüchtler und haben eine tolle Fähigkeit. Sie können mithilfe von Bakterien den Stickstoff aus der Luft binden. Lass nach der Ernte die Wurzeln und andere Pflanzenteile einfach auf dem Beet liegen. Der durch Verrottung freiwerdende Stickstoff ist für Folgepflanzen wie Tomaten, Kohl oder Paprika eine wertvolle, ohne künstliche Energie produzierte Düngerquelle.

Saisonal anbauen, ernten und essen

Im eigenen Garten ist der saisonale Anbau selbstverständlich. Tomaten oder Gurken, die es mittlerweile so selbstverständlich zu jeder Jahreszeit in den Supermärkten gibt, wachsen im Garten oder im Balkontrog im Winter einfach nicht. Bei geschickter Planung versorgst du dich dennoch rund ums Jahr mit frischem Gemüse – klimafreundlich und CO_2-neutral.

Selbstverständlich bio

Logisch, aber der Vollständigkeit halber hier noch mal erwähnt: Kunstdünger und chemisch-synthetischer Pflanzenschutz haben im Klimagarten nichts zu suchen. Abgesehen von den vielen Schäden, die sie an Mensch, Tier und Pflanze verursachen, sind sie aufgrund des hohen Energiebedarfs bei ihrer Produktion und den an die Umwelt freigegebenen Stoffen (Lachgas) ein richtiger Klimakiller.

17

HIER WÄCHST WAS! 7 THEMENGÄRTEN FÜRS KOPFGEMÜSEKINO

Was und in welchen Mengen möchtest du anbauen und ernten? Wie willst du deine Ernte verwenden? Als Snack? Als Smoothie? Frisch gekocht? Oder doch lieber als Sauce oder als tiefgefrorenen Vorrat für den Winter?
Die folgenden Themengärten dienen dir als Inspiration, welcher Obst- und Gemüsegarten zu deinen persönlichen Vorstellungen und Bedürfnissen passt.

DEIN WENIG-ZEIT-ABER-VIEL-LUST-AUF-ERNTEN-GARTEN

Beruflich ist bei dir immer viel los und du suchst deshalb einen Ausgleich zu deinem Job. Dein Nutzgarten soll aber nicht zu viel Arbeit machen. Du erntest am liebsten, was du direkt verwerten kannst. Ideal für dich ist Snackgemüse wie Radieschen, Rettich, Karotten, Kohlrabi, Gurken, Tomaten und Paprika, Rucola, frischer Salat und manchmal ein Zucchino zum Kochen. Für den Herbst bieten sich Feldsalat und Asia-Gemüse an. Natürlich darf auch Obst nicht fehlen. Größere Früchte wie Äpfel, Birnen oder Marillen (Aprikosen) sind schnell geerntet, ein Weinstock versorgt dich im Herbst mit frischen Trauben. Deinen restlichen Gemüse- und Obstbedarf deckst du lieber auf dem Markt oder mit einer Bio-Kiste. Mit diesem Garten hast du immer etwas Frisches zum Ernten, und zwar genau in solchen Mengen, die dich nicht überfordern.

DEIN SÜCHTIG-NACH-VITAMINEN-BEET

Du erntest am liebsten täglich frische Vitamine, so bunt und vielfältig wie möglich. Obst und Gemüse gibst du deinen Kids in Kindergarten oder Schule mit, und auch für dich darf frisches Snackgemüse in der Arbeit nicht fehlen. Außerdem bereitest du gern Smoothies zu und isst oft Salate. Ideal für dein Gemüsebeet sind Radieschen, Kohlrabi, Karotten, Gurken, Cocktailtomaten, Minipaprika und viele bunte Salate, vor allem Pflücksalate. Damit dir die Vitamine nicht ausgehen, säst du Radieschen, Kohlrabi, Karotten und Salate alle 14 Tage nach – und das bis tief in den Winter hinein. Für die Smoothies brauchst du Spinat, Mangold, Grünkohl und Stangensellerie. Beerenobst wie Brombeeren, Himbeeren, Erdbeeren und Ribisel (Johannisbeeren) sind ein richtiger Vitamin-Booster. Zum Verfeinern der Smoothies setzt du auf Wassermelone – und für das Topping obendrauf sorgen Andenbeeren.

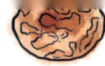

DEIN SIND-WIR-HIER-IM-SCHLARAFFENLAND-BEET

Kochen ist deine Leidenschaft. Für Suppen, Currys, Strudel, Aufläufe, Wokgerichte und was dir sonst noch einfällt verwendest du frisches Gemüse – je vielfältiger, desto besser. Natürlich willst du auch sattgrünen und dunkelvioletten Salat dazu. In deinem Schlaraffenland-Beet gedeihen grüne Bohnen, Erbsen, Karotten, Pastinaken, Sellerie, Zucchini, Kürbis, Mangold, Rote Bete, Rotkohl, Brokkoli, Rosenkohl, Fenchel, Lauch, Zwiebeln, Tomaten, Paprika, Chili und alles, was unter deinen Kochlöffel kommt. Salate wachsen hervorragend in Mischkultur zwischen den anderen Gemüsearten. In deiner feinen Gemüseküche sind Kräuter – klassisch wie Petersilie und Schnittlauch oder ausgefallen wie Currykraut und Koriander – ein fixer Bestandteil. Als grandiosen Abschluss servierst du gern süße Obstgerichte. Bratäpfel mit Vanillesoße oder eine Rhabarbertarte, zum Beispiel. Auch hier gilt: Jedes Obst, das in den Backofen passt, sollte auch in deinem Garten nicht fehlen – ausreichend Platz vorausgesetzt. Das Gemüse baust du genau in jenen Mengen an, die du gut verkochen kannst, denn Vorräte anlegen ist nicht so deins.

DEIN WOW-WO-HAST-DU-DENN-DAS-HER-BEET

Wer das Besondere sucht, wird bei dir fündig. Denn du hast es garantiert schon zuvor entdeckt. Keine Chili-Sorte ist dir zu scharf und keine Rarität zu selten. Wenn du eine neue Nutzpflanze in deinen Garten oder deine Töpfe lässt, dann um sie kennenzulernen und zu erforschen. Ihren Wuchs, ihr Aussehen oder ihren Geschmack. Und ja – auch um zu sehen, ob die eine oder andere Pflanze aus fernen Ländern in deinem Garten weiterlebt. Was in deinen Garten darf, weißt du selbst meist am besten. Hier dennoch ein paar Ideen, was bei dir wachsen könnte: Chilis in allen Farben und Formen, Tomatillos, Erdmandeln, Okras, Neuseeländer Spinat, Haferwurzeln, Süßkartoffeln, Baumspinat und fancy Kräuter. Und wie wäre es mit tropischem Obst wie Kaki, Ananas oder Litschi?

DEIN ALLES-WIRD-EINGEKOCHT-UND-FERMENTIERT-BEET

Wenn du Obst und Gemüse anbaust, willst du länger etwas davon haben – und das aus gutem Grund. Auf der einen Seite ist die sommerliche Ernte an Tomaten, Paprika, grünen Bohnen oder Mangold ohnedies oft nicht mehr zu bewältigen. Auf der anderen Seite willst du im Winter nicht reumütig vor Konserven fragwürdiger Herkunft stehen und legst daher lieber selbst Vorräte an. In deinem Garten wächst alles, was gut haltbar gemacht werden kann, z. B. als Saucen, Sugo, Letscho, fermentiert oder eingefroren. Frisch verarbeitet behält dein Gemüse die meisten Nährstoffe und versorgt dich auch im Winter mit seinen gesunden Inhaltsstoffen. Geeignet ist fast jedes Gemüse, z. B. Saucentomaten, Paprika, Mangold, Spinat, grüne Bohnen, Rot- und Weißkohl, Brokkoli, Rosenkohl, Blumenkohl, Rote Bete, Kürbis, Gurken und Zucchini. Und auch Obst kannst du vielfältig verwerten, z. B. als Mus, Kompott und Marmelade. Steinobst (entkernt) und Beeren lassen sich direkt zur winterlichen Verwertung einfrieren.

DEIN FRISCHES-GEMÜSE-WILL-ICH-365-TAGE-LANG-BEET

Auch unter Eis und Schnee willst du nicht auf frische Vitamine verzichten. Auf eintönige Supermarktware hast du gar keine Lust. Gemüse für den Winter baust du dir einfach selbst an und erntest es von November bis März. Wintergemüse übersteht je nach Art und Sorte bis -20 °C. Das Besondere daran: Du lässt das Gemüse einfach draußen, bis du es in der Küche brauchst. Zu Wintergemüse zählen Karotten, Pastinaken, Petersilienwurzeln, Asia-Gemüse, Schalotten, Winterheckenzwiebeln, Lauch, Kopf-, Pflück-, und Romanasalat, Endiviensalat, Rettich, Winterportulak und einige mehr. Und sogar Obst findest du im Winter: z. B. Mispeln – sie müssen einmal durchgefroren sein, damit du sie essen kannst.

DEIN VON-ALLEM-DAS-ALLERBESTE-BEET

Du sollst dich für eine einzige Nutzung deines Gemüse- und Obstgartens entscheiden? Unmöglich! Keine Sorge, die vorgestellten Nutzgärten dienen dir zur ersten Orientierung. Kombiniere ruhig nach deinen Bedürfnissen, also z. B. einige Radieschen und Karotten zum Snacken, Stangensellerie für den Smoothie, grüne Bohnen zum Sofortkochen, Tomaten für den Saucenvorrat und Asia-Gemüse für die Winterernte. Überlege vorab, welche Menge je Gemüse du ungefähr brauchst und richte danach deinen Anbau aus.

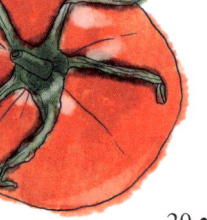

VERRÜCKT NACH OBST UND GEMÜSE? SUPER! JETZT WIRD GEBUDDELT, GEPFLANZT … UND GEERNTET!

Jetzt geht's endgültig um … die Zucchini. Oder das Radieschen. In jedem Fall legen wir jetzt richtig los mit dem Gärtnern! Alles Praxiswissen, das du für deinen essbaren Lieblingsgarten brauchst, steckt in diesem Kapitel.

ROLLE DEINEM GEMÜSE DEN ROTEN TEPPICH AUS – UND: MACH'S DIR DABEI NICHT UNNÖTIG SCHWER

Du weißt, wie dein Garten aussieht, und kennst seine Stärken und Schwächen. Bereite ihn so auf, dass sich deine Pflanzen pudelwohl fühlen, am richtigen Platz wachsen und weniger gute Flächen zu richtigen Turbo-Ernte-Bühnen werden.

Vergiss dabei nicht auf dich selbst! Denn schließlich soll dein Erntebeet Freude bereiten und sich dein Aufwand in Grenzen halten. Mit wenigen Vorbereitungen, einer kleinen, aber feinen Grundausstattung und dem richtigen Wissen gelingt das Anbauen und Ernten ganz locker.

WÄHLE DAS BESTE PLÄTZCHEN FÜR DEINE PFLANZEN – UND FÜR DICH

Der ideale Standort für dein Erntebeet ist sonnig und windstill, am besten in Südlage. Auch in West- oder Ostlagen darfst du dich über eine tolle Ernte freuen. Meide soweit möglich Schatten werfende Mauern, Hecken oder Bäume. Sträucher und Bäume machen deinem Gemüse auch durch ihre Wurzeln zu schaffen, denn sie entziehen den – wesentlich kleineren – Gemüsepflanzen Wasser und Nährstoffe.

> **Achtung:**
> Nadelgehölze versauern zusätzlich den Boden, der pH-Wert sinkt und kann zur vermehrten Aufnahme von Schwermetallen wie Kupfer und Aluminium führen. Gleichzeit hemmt der saure Boden die Aufnahme von Phosphor.

Kein guter Platz fürs Gemüsebeet ist neben dem üppig tragenden Aprikosenbaum. Er verschlingt rundum viel Wasser und Nährstoffe.

Draußen ist es kalt, feucht und nieselig und du willst nur etwas Wintersalat aus dem Garten holen? Unpraktisch, wenn du dafür bis zum letzten Winkel deines Gartens laufen musst. Lege den Gemüsegarten besser in der Nähe deines Hauses an. Wenn das nicht möglich ist, baue zumindest die wichtigsten Küchenkräuter, Salate und Wintergemüse in einem Hochbeet oder Trog vor der Haustüre oder in Kistchen auf deiner Terrasse oder deinem Balkon an. Die Ernte fällt dir leichter, wenn dein Alltagsgemüse in der Nähe deiner Küche wächst.

Praktisch: das Kräuterbeet direkt vor der Terrassentüre. Abzupfen und loswürzen.

Werkzeug schultern und los geht's!

Bestes Hilfsmittel zum Transportieren und Abhängen: die Schubkarre.

DEINE GRUNDAUSSTATTUNG

Für den „Betrieb" deines Obst- und Gemüsegartens brauchst du Werkzeug und einige praktische Hilfsmittel. Zu deiner Grundausstattung gehören:

» Schubkarre: für das Transportieren von Kompost, Erde, Mulch, Laub, Jungpflanzen, deiner Ernte …
» 2–3 Kübel: zum Sammeln von Beikräutern und Ernteabstaubern (z. B. Schnecken, Raupen), zum Einweichen von Jungpflanzen vor dem Setzen, zum Gießen, wenn es mal schnell gehen muss, zum Ernten …
» Gießkanne
» 2–3 Paar Gartenhandschuhe (falls du dir deine Hände nicht schmutzig machen willst und auch zum Schutz vor stacheligen Himbeersträuchern)
» feste Gartenschuhe

» Werkzeug:
  – Grabegabel
  – Rechen
  – Schaufel
  – Spaten
  – Bügelzughacke (Scher) oder Pendelhacke
  – Spitzhacke (Krampen)
  – Wegekrampen (Wegemacherhaue)
  – 1–2 Handschaufeln
  – 1–2 Handhacken
  – ev. langen und kurzen Stiel zum Tauschen des Werkzeugs bei Kombisystemen
  – Gartenschere
  – Astschere
  – Gartensäge
» Haushaltsschere
» Schnüre und Bindefäden
» Stangen und Pflöcke: zum Stützen und Aufbinden von Tomaten, Gurken, Paprika, Stangenbohnen …
» Beschriftungskärtchen und wasserfester Stift (oder Bleistift)
» Gartenvlies zum Abdecken (Kälteschutz)
» Insektenschutznetz

DAS KOMMT IN JEDEM GARTEN GUT

Deine Werkzeuge und Gartenausstattung verstaust du idealerweise dort, wo du sie brauchst – griffbereit neben dem Erntebeet. Praktisch ist eine **Gerätehütte**, in der du gut sortiert Schaufeln & Co. nach getaner Arbeit abstellen kannst. Bei wenig Platz oder auf dem Balkon genügt auch eine kleine **Gerätekiste**, in die du die am meisten verwendeten Gegenstände packst. Ein guter Platz für eine Hütte und Co. ist ein schattiger Platz neben dem Gemüsegarten oder eine bereits befestigte Stelle. Gib Acht, dass die Hütte keinen Schatten auf dein Beet wirft oder den besten Boden verbraucht.

Ein **Wasseranschluss** darf in keinem Garten fehlen. Noch besser ist eine Leitung, die bis zu deinen Beeten führt und von der du sowohl Wasser direkt entnehmen, aber an die du auch eine Bewässerung anschließen kannst. Dasselbe gilt für einen Balkon oder eine Terrasse. Eine direkte Wasserentnahme erleichtert dir das Leben. Du ersparst dir das Schleppen voller Gießkannen quer durch die Wohnung und hast die Möglichkeit, eine Bewässerung anzuschließen – ein vor allem für heiße Stadtbalkone unschätzbarer Vorteil. Mehr über Varianten und Auswahl von Bewässerungen erfährst du ab Seite 114.

Kompost versorgt Beete und Pflanzen mit Humus und wichtigen Nährstoffen. Mit Hilfe einer Wurmkiste gewinnst du sogar im Wohnzimmer das braune Gold. Je nach Platz klappt's mit der Kompostierung auch auf dem Balkon, im Hochbeet und im Garten. Wie genau du bei der Kompostierung vorgehst und was im Gewühl von Garten- und Küchenresten abläuft, liest du auf Seite 90.

BEHALTE DEN ÜBERBLICK IM GEMÜSE-GEWUSEL: WEGE UND ABGRENZUNGEN

Säen, setzen, jäten und ernten: Das alles geht dir leichter von der Hand, wenn du dich in und zwischen deinen Beeten gut zurechtfindest. Unterteile deinen Gemüsegarten in mehrere Beete.

Faustregel:
Ein Beet sollte nicht breiter als 120 cm sein, damit du es gut von beiden Seiten bearbeiten kannst. Hast du nur Zugang von einer Seite (weil das Beet z. B. entlang eines Zauns liegt), sind 60–70 cm Breite ausreichend.

Die Länge ist grundsätzlich beliebig; praktischer ist es, wenn du deine Beete in Abschnitte von 200–250 cm teilst. Auf einem Beet ist dann genug Platz für je 2–3 verschiedene Gemüsearten in Mischkultur.

Hier ein paar Ideen für die Gestaltung deiner Beete:

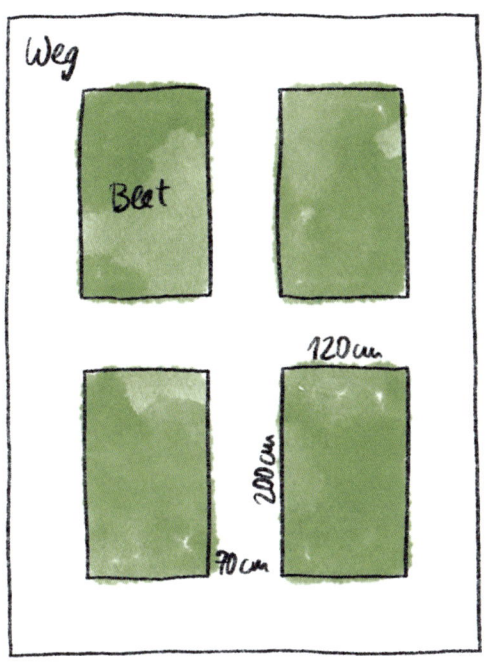

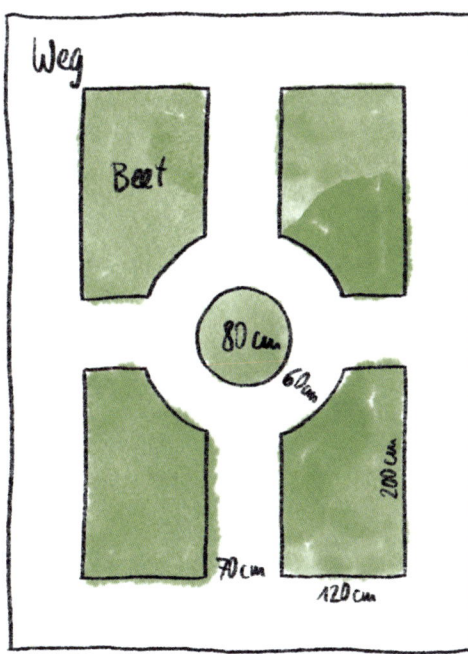

Wo geht's lang?

Verbinde die einzelnen „Stationen" in deinem Garten mit Wegen. Das sieht nicht nur hübsch und geordnet aus, er erleichtert dir auch den Gartenalltag. Die Fahrt mit der Schubkarre zwischen Kompostplatz und Nutzgarten auf trockenem Weg ist angenehmer als auf feuchter Erde. Ganz abgesehen vom häufigen Schuheputzen, das dir erspart bleibt.

Tipp:
In einem Park sind geschwungene, geschlängelte Wege hübsch und romantisch, im Gemüsegarten gilt hingegen: kurz, knapp und direkt.

Hauptwege verbinden größere Bereiche, also z. B. den Gemüsegarten mit dem Kompostplatz oder der Gartenhütte. Einen großen Nutzgarten bearbeitest du leichter, wenn auch einzelne Beetbereiche durch befahrbare Hauptwege strukturiert sind. Auf einem Hauptweg kannst du gemütlich gehen, mit der Schubkarre fahren oder auch mal Kübel oder Werkzeug abstellen. Er ist ca. 80–100 cm breit.

Beim Material, mit dem du einen Hauptweg anlegst, hast du eine große Auswahl. Vom einfachen, kurz geschnittenen Rasenweg bis zur geschotterten Fläche ist alles möglich. Verzichte aber auf eine komplette Bodenversiegelung – also z. B. auf einen Weg aus Beton. Natürlicher wirken Wege mit Holzhäckseln, Kies, Natur- oder alten Ziegelsteinen. Die Steine sollten so verlegt sein, dass Regenwasser zwischen den Fugen abrinnen kann. Hübsch anzusehen sind auch einzeln verlegte Trittplatten. Wenn du es gern ordentlich hast, dann sind Platten eher nichts für dich. In den Fugen wächst immer wieder Beikraut, das sich meist nur mühsam entfernen lässt.

Hier bekommst du garantiert keine nassen Füße: Ein stabiler, aber wasserdurchlässiger Weg führt durch den Gemüsegarten.

Holzhäcksel passen als Wegebelag in jeden Gemüsegarten.

Anlage des Hauptweges

1. Vermiss deinen Weg und markiere seinen Verlauf mit einer Richtschnur. Laufe den Weg ein paar Mal auf und ab, um zu sehen, ob er für dich bequem und praktisch ist.

2. Grabe den Weg – je nach Material, mit dem du ihn befüllst, 10–25 cm tief ab. Verwende die Erde, wenn sie humos ist, für deine Beete oder hebe sie für ein Hügel- oder Hochbeet auf.
3. Reche den Weg glatt und gleiche Unebenheiten aus. Verdichte den Untergrund (z. B. mit einer Walze) und gib ihm zusätzlich noch einige Tage Zeit, sich zu setzen.
4. Verlege ein Gartenvlies und fixiere es mit Erdspießen oder kleinen Steinen. Das Vlies erspart dir später Mühe mit dem Jäten, vor allem von lästigen Wurzelbeikräutern wie Quecke oder Ackerwinde. Gartenvlies sind luft- und wasserdurchlässig, also keine Sorge vor Überschwemmungen nach Starkregen.

5. Setze eine Randbegrenzung ein und klemme das Gartenvlies darunter, damit Beikraut nicht an den Rändern durchwächst. Die Randbegrenzung verhindert, dass Erde auf den Weg rieselt. Als Randbegrenzung eignen sich z. B. alte Ziegel- oder Pflastersteine, Holz, Metall oder recycelter Kunststoff.

6. Fülle den Weg mit Holzhäckseln, Kiesel oder anderem Material auf.

Zwischenwege trennen die einzelnen Gemüsebeete voneinander. Bei einer Breite von 30–40 cm hast du genug Platz, um die Beete zu bearbeiten. Praktische Beläge für Zwischenwege sind Holzhäcksel, Mulch, Holzbretter oder Trittsteine. Zwischenwege sollen leicht veränderbar sein, damit du die Größe der Beete bei Bedarf anpassen kannst.

Einfache Trittplatten trennen die einzelnen Beete im Gemüsegarten.

Manchmal ist der Weg zum Weg ganz einfach: Holzlatten.

Steine oder Platten verlegst du in ein Bett aus Splitt oder Sand, das du zuvor mit einer Walze oder – ganz professionell – einer Rüttelplatte verdichtest.

Schmale, mit Stroh bedeckte Trampelpfade trennen die Beete.

LEGE DEINEN PFLANZEN DIE WELT ZU FÜSSEN – ODER ZU WURZELN

Das Gehirn einer Pflanze siehst du auf den ersten Blick nicht, denn es liegt unter der Erde. Und wenn ich Gehirn schreibe, meine ich es tatsächlich so. Pflanzen haben – wie Tiere und Menschen – Organe, die sie am Leben erhalten. Grob gesagt sind das der Spross (der Stängel), die Blätter und die Wurzeln. Alle Organe wirken zusammen, doch würde man eine Reihung vornehmen, so würden die Wurzeln ganz klar gewinnen. In der Erde und zwischen Gesteinen suchen sie nach Nahrung, Wasser, Halt und Verbündeten. Sie vertreiben Feinde (durch Substanzen, die sie ausscheiden), machen Tauschgeschäfte (z. B. mit Bakterien oder Pilzen, um an für sie unerreichbare Nährstoffe heranzukommen), nutzen Vorteile (z. B. alte Wurzel- oder Regenwurmhöhlen, um schneller voranzukommen) und sorgen sowohl fürs Überleben in kargen Zeiten (indem sie Nährstoffe und Wasser speichern) als auch für die Fortpflanzung, wenn „oben nichts mehr geht" (indem Wurzel[stücke] neu austreiben). Kurzum: Wurzeln sind das Gehirn jeder Pflanze.

Nichts ist also wichtiger, als den Wurzeln den Hof zu machen und ihnen das beste Bett/Beet zu bieten. Denn je besser die Wurzelumgebung ist, desto kräftiger und gesünder gedeihen auch die oberirdischen Teile der Pflanze.

SCHAFFE JAHR FÜR JAHR EIN WOHLFÜHL-BEET

Vorbereitung im Herbst: für abgeerntete Gemüsebeete

Entferne die Reste der Gemüsepflanzen aus dem Beet, also auch Wurzeln, Stängel und Blätter. Gib holzige Teile zerkleinert auf den Kompost, lege blättrige und krautige Teile auf die Seite. Jäte Beikrautreste samt ihrer Wurzeln. Wurzelbeikräuter kommen in die Bio-

tonne, andere Pflanzen zu den Gemüseresten. Lockere nun das Beet oberflächlich auf. Verwende dazu eine Bügelzughacke oder eine Pendelhacke. Praktisch ist auch eine Grabegabel, die du ins Beet stichst und einfach hin und her bewegst.

Achtung:
Kein Spaten! Kein Umgraben! Mit dem Spaten zerstörst du die Bodenstruktur und zerstückelst Regenwürmer. Beim Umgraben bringst du die Bodenschichten durcheinander, viele Bodenlebewesen werden verfrachtet und sterben. Zudem förderst du mit dem Umgraben die Versickerung von Nährstoffen.

Lege auf das geräumte, gelockerte Beet die beiseitegelegten Gemüse- und Beikrautreste und verteile sie gleichmäßig. Darüber kommt eine ordentliche Schicht aus Laub, z. B. von Obstbäumen (Achtung: Kein Nusslaub! Es enthält wachstumshemmende Stoffe) oder Ziersträuchern.

Eine dicke Schicht Laub schützt dein Beet im Winter.

Du hast kein Laub? Gute Alternativen sind Miscanthus-Mulch oder samenfreie Wildkräuter wie Brennnesseln, Beinwell, Schafgarbe, die du in deiner Umgebung sammeln kannst.

Und was passiert dann im Boden? Pflanzenreste, Laub oder Mulch halten den Boden warm und locken Regenwürmer und allerlei andere nützliche Tierchen an. Diese freuen sich über die willkommene Mahlzeit in den kargen Wintermonaten. Als Dank lockern sie den Boden unter der Laubschicht und produzieren wertvollen Dünger. Auch Vögel profitieren von der „Beetdecke". Sie scharren nach Würmern und anderen kleinen Bodentieren.

Entferne im Frühjahr – direkt vor dem Anbauen – alle Pflanzenreste und lockere, wenn notwendig, noch mal den Boden etwas auf (z. B. mit einer Hand- oder Bügelzughacke oder einem Sauzahn). Zerkleinere größere Erdklumpen mit einem Rechen. Meist bleibt der Boden unter dem Laub aber so locker, dass kein zusätzlicher Aufwand nötig ist.

Tipp:
Verwende Pflanzenreste und Laub als Mulchmaterial (Seite 94) rund um deine frisch gesetzten oder gekeimten Jungpflanzen.

Noch mehr Beet-Booster: Nichts wie her mit der Extra-Portion Sonne

Bedecke im Februar, wenn die Sonne wieder mehr Kraft bekommt, das Beet mit einer schwarzen Mulchfolie und beschwere diese mit Steinen oder Pflöcken. Auch wenn noch Schnee liegt, kommt die Mulchfolie auf das Beet.

Durch die schwarze Mulchfolie wärmt sich der Boden rasch auf und bleibt auch in den Nächten wärmer. Nach etwa 14 Tagen kannst du die Folie abnehmen und das Beet bepflanzen. Sogar wenn rundum Schnee liegt, sprießen auf deinem Gemüsebeet bereits erste, frostfeste Salate (mehr dazu auf Seite 75).

Vorbereitung im Frühling für im Winter bepflanzte Gemüsebeete

Wenn Wintergemüse oder eine Gründüngung dein Beet über den Winter besetzt haben, startest du mit der Vorbereitung direkt vor der neuen Aussaat oder Bepflanzung. Räume das letzte Wintergemüse/die Gründüngung und Beikräuter vom Beet und lege die Pflanzen auf die Seite. Entsorge Wurzelbeikräuter in der Biotonne. Lockere dein Beet, ohne die Bodenschichten durcheinanderzubringen. Stecke dafür eine Grabegabel in den Boden, hebe sie etwas an und bewege sie vor und zurück. Fange an einem Ende des Beetes an und arbeite dich rückwärts zum anderen Ende vor, sodass du den bereits gelockerten Boden nicht mehr betrittst. Reche anschließend das Beet glatt und zerkleinere dabei gröbere Erdbrocken.

Mit einer Grabegabel kannst du den Boden ganz sanft lockern.

Zerschneide die zuvor zur Seite gelegten Pflanzenreste in kleine Stücke und verteile sie nach dem Setzen der Pflanzen als Mulch.

FÜR NEUSTARTER*INNEN: EIN BEET AUF DER GRÜNEN WIESE ANLEGEN

Es gibt zwei Methoden, wie du aus deiner grünen Wiese ein fruchtbares Gemüsebeet machen kannst. Welche die richtige für dich ist, hängt neben der Beschaffenheit deines Bodens auch von deinen Vorlieben und deiner Experimentierfreudigkeit ab.

Der klassische Weg zum Gemüsebeet

Du brauchst:
» Maßband, Pflöcke, Schnur, Hammer
» Wegemacherhaue (Wegekrampen)
» Grabegabel
» evtl. Spaten
» Rechen

So geht's:
1. Vermiss die Größe deines Gemüsebeetes und schlage mithilfe des Hammers Pflöcke in die Erde; an den Ecken und je nach Größe des Beetes auch dazwischen. Spanne eine Schnur um die Pflöcke, so markierst du den Beetrahmen.
2. Hebe mit der Wegemacherhaue die Grasnarbe oder anderen Bewuchs ab. Die Wegemacherhaue schält Gras oder Beikräuter dünn vom darunterliegenden Humus ab. Die Arbeit ist körperlich viel weniger anstrengend als mit einem Spaten und schonender für den Boden. Lass den abgehobenen Bewuchs gut abtrocknen, anschließend kommt er auf den Kompost.
3. Lockere den Boden mit einer Grabegabel und entferne Wurzelreste und gegebenenfalls Steine.
4. Einen verdichteten Boden (z. B. durch Baumaschinen) musst du tiefgründig mit dem Spaten aufbrechen. Diesen Vorgang nennt man Rigolen. Wie das geht, liest du auf Seite 34.

5. Reche nach dem Lockern die Erde glatt. Dein Beet ist fertig zur Bepflanzung. Reichere humusarme Böden zuvor mit Kompost an oder mach bei Punkt 3 von „Neues Gemüsebeet ohne Umgraben" weiter. Weitere Möglichkeiten, wie du deine Beete fruchtbarer machst, findest du ab Seite 36.

Neues Gemüsebeet ohne Umgraben

Mit dieser Methode legst du nicht nur das Gemüsebeet neu an, sondern baust gleichzeitig eine nahrhafte Humusschicht auf.

Du brauchst:

» Maßband, Pflöcke, Schnur, Hammer
» Unbedruckten Karton oder Pappe
» Erde oder Kompost, kleingeschnittene Zweige oder Holzhäcksel, Laub, Grasschnitt, Stroh oder Miscanthus, samenfreie Wild- oder Beikräuter
» Schaufel
» Rechen

So geht's:

1. Markiere dein Beet wie in Punkt 1 „Der klassische Weg zum Gemüsebeet" beschrieben.
2. Lege zwei Lagen Karton/Pappe direkt auf den vorhandenen Bewuchs und beschwere sie mit Erde oder Kompost. Die Abdeckung schirmt Sonnenlicht ab, die darunterliegenden Pflanzen verkümmern.
3. Schichte über der Erde ein 20–30 cm dickes Gemisch aus kleingeschnittenen Zweigen oder Holzhäckseln, Laub, Grasschnitt, Stroh oder Miscanthus und anderen Pflanzenresten auf. Verwende Material, das dir zur Verfügung steht, es ist nicht so schlimm, wenn ein Bestandteil fehlt. Wichtig ist die Mischung aus eher feuchtem (Laub, Gras ...) und eher trockenem (kleine Zweige, Stroh ...) Material, denn so kommt es zur raschen Verrottung.
4. Bedecke das Gemisch mit einer weiteren Lage aus Kompost und guter Erde. Das Beet ist bezugsfertig für deine Pflanzen.

Das Abdecken mit Karton erspart dir das mühsame Ab- und Umgraben bei der Anlage eines neuen Beetes. Die ursprünglichen Pflanzen sterben ab, denn sie bekommen weder Sonnenlicht noch können sie durch den dicken Karton nach oben wachsen. Aus den darüberliegenden Stoffen bildet sich eine mächtige und nahrhafte Humusschicht – also beste Startvoraussetzungen für dein Gemüse.

Diese Methode ist sehr gut für karge, humusarme Böden geeignet. Nachteilig ist, dass du vorhandene Wurzelbeikräuter und Steine nicht entfernst. Besonders dort, wo sich Giersch, Quecke oder Ackerwinde wohlfühlen, kommt es mit der Zeit zu Problemen. Denn kleine Wurzelteilchen „schlummern" lange in der Erde und finden irgendwann ihren Weg nach oben.

Ein schmucker Rahmen für deine Beete

Vielleicht hast du bei der Anlage der Wege eine Randbegrenzung gesetzt, die gleichzeitig deine Gemüsebeete umrahmt. Oder dein Beet liegt frei mitten im Garten oder auf einer Wiese – dann spart dir eine Abgrenzung mit der Zeit einigen Aufwand. Material aus dem Beet bleibt im Beet, und Gras, Beikraut und Co. wandern nicht ins Beet. Die Anlage von erhöhten Beeten (Seite 40), wie im „Gemüsebeet ohne Umgraben", fällt mit einer Begrenzung viel leichter.

Als Rahmen eignet sich vieles – von der gekauften Rasenkante aus Metall bis zum selbstgebauten Weidenzaun.

Hier einige Ideen für eine praktische und hübsche Abgrenzung deiner Beete:

» Holzlatten
» Natur- oder Ziegelsteine
» Rasenkante aus Metall oder recyceltem Kunststoff
» Äste oder Baumstammabschnitte
» eine Mini-Hecke aus Kräutern, z. B. mit Salbei, Rosmarin, Thymian, Lavendel
» kleine Buchsbäume, leider mittlerweile durch den Buchsbaumzünsler bedroht. Achtung: Der Buchs enthält giftige Inhaltsstoffe. Halte kleine Kinder und Haustiere von ihm fern.
» ein selbst geflochtener Zaun aus Haselruten, Weiden oder anderen Ästen

Klinkersteine machen sich super als Beetbegrenzung.

Eine Schneckenkante rund ums Beet sperrt die kleinen Fresser aus.

Ein schicker, aber leider durch den Buchsbaumzünsler gefährdeter Rahmen: die Buchsbaumhecke.

RIGOLEN – MACH DICH LOCKER, BODEN!

Beim Hausbau und der Anlage neuer Gärten geht's nicht gerade zimperlich zu. Bagger fahren kreuz und quer, Erdreich wird in großem Ausmaß hin- und hergeschoben, verlagert und durcheinandergebracht. Durch das Gewicht des Baggers wird der Boden bis in tiefe Schichten verdichtet. Dabei werden vorhandene Hohlräume zusammengequetscht und das natürliche Bodengefüge zerstört. Zurück bleiben Böden, in denen sich Wurzeln kaum ausbreiten können, die Wasser schlecht aufnehmen und in denen Bodenlebewesen stark reduziert sind. Schlechte Voraussetzungen für dein Gemüsebeet.

So schaut der Boden nach einer „Baggerbehandlung" aus.

Mit etwas Mühe schaffst du es, verdichtete Böden wieder Gemüse-fit zu machen. Diesen Vorgang nennt man Rigolen. Hierbei lockerst du den Boden tiefgründig auf, ohne die Bodenschichten durcheinanderzubringen.

Du brauchst:

» Maßband, Pflöcke, Schnur, Hammer
» Wegemacherhaue
» Spaten, Grabegabel, Spitzhacke (Krampen)
» Rechen
» Schubkarre

So geht's:

1. Markiere dein Gemüsebeet mit Pflöcken und einer Schnur wie in Pkt. 1 „Der klassische Weg zum Gemüsebeet" (Seite 30) beschrieben. Entferne vorhandenen Bewuchs mit einer Wegemacherhaue (siehe Pkt. 2 „Der klassische Weg zum Gemüsebeet").

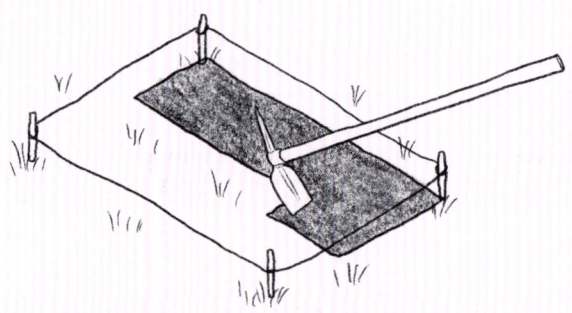

2. Gehe reihenweise vor. Grabe dazu mit dem Spaten oder der Grabegabel die erste Reihe aus und verfrachte die Erde in eine Schubkarre.

34

3. Lockere die darunterliegende Erde mit einer Grabe-gabel oder einer Spitzhacke spatentief (ca. 25 cm). So brichst du Verdichtungen bis ca. 50 cm Tiefe auf.

4. Bearbeite nun die nächste Reihe und grabe dazu wieder eine Spatentiefe Erde aus. Die Erde gibst du diesmal in die zuvor bearbeitete, gelockerte Reihe. Zerteile grobe Klumpen mit Hilfe des Spatens oder der Grabegabel. Lockere auch in dieser Reihe die nächste Bodenschicht mit Spitzhacke oder Grabegabel.

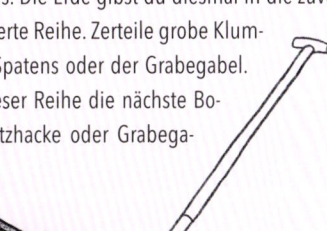

5. Gehe Reihe für Reihe so vor, bis das Beet bis zur letzten Reihe tiefgründig aufgebrochen ist. Gib acht, dass du die bereits gelockerten Reihen nicht mehr betrittst, sonst verdichtest du die Erde erneut.

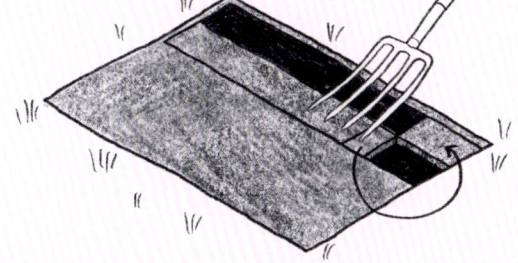

6. In die letzte Reihe kommt die Erde, die du zu Beginn in die Schubkarre gefüllt hast.

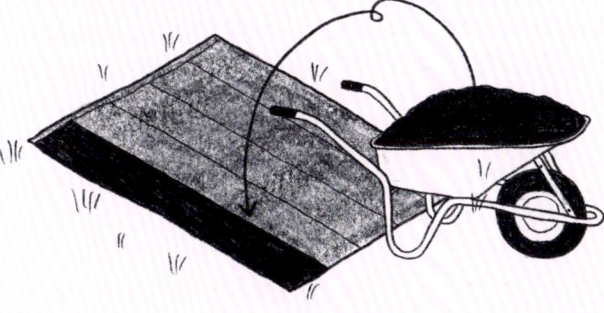

7. Reche das Beet zum Abschluss glatt.

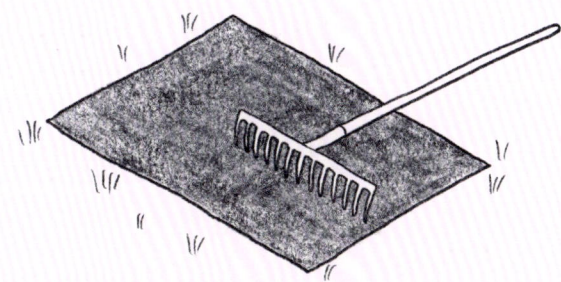

Herzlichen Glückwunsch – du hast es geschafft. Dein Boden ist locker und gut durchlüftet, das Bodenleben kehrt zurück, Regen- und Gießwasser rinnt ab und die Wurzeln wachsen besser und tiefer.

HALTE DEINE BEETE DAUERHAFT FIT UND GESUND

Deine Beete sind nun angelegt, damit hast du schon tolle Voraussetzungen für deine nächste Ernte geschaffen. Nun geht's darum, den Boden besser, fruchtbarer und dauerhaft fit und gesund zu machen.

Ich mach mir den Boden, wie er mir gefällt – mit Gründüngung

Es gibt sie: Pflanzen, die uns dabei helfen, unseren Boden immer besser zu machen. Sie brechen Verdichtungen auf, reichern Nährstoffe an, vertreiben unliebsame Besucher und verbessern allgemein Fruchtbarkeit, Stabilität und Struktur des Bodens. Der etwas sperrige Begriff „Gründüngung" wird den fantastischen Eigenschaften dieser Pflanzen beinahe nicht gerecht.

In der folgenden Tabelle findest du das Who is who der wichtigsten Gründüngungspflanzen für den Garten und ihre Wirkung auf Boden und Umwelt.

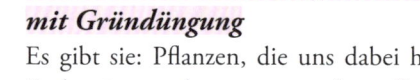

PFLANZE	WIRKUNG	NOCH MEHR INFOS
Bohnen	sammeln Luftstickstoff und bilden viel Humus	Aussaat von Mai–Juli. Ab Juli beginnt die Bohnenernte. Lass Wurzeln und Pflanzenreste nach der Ernte einfach auf dem Beet liegen.
Buchweizen	lockert und lüftet den Boden; gute Bienenweide, da er sehr lange blüht	Aussaat von Mai–August, entwickelt sich rasch und lässt daher Beikräutern keinen Platz
Erbse	lockert und reichert den Boden mit Stickstoff aus der Luft an	Anbau März/April für die Ernte der Hülsen im Juni oder August/September für die Ernte der zarten Triebspitzen. Diese schmecken sehr gut in Wok-Gerichten oder im Salat.
Feldsalat	deckt den Boden ab und verhindert so Beikrautwuchs, fördert die Bodenstruktur und erhöht den Humusgehalt	Aussaat September–Oktober. Ein wunderbarer Wintersalat, und die Wurzeln kannst du nach der Ernte im Boden lassen.
Lupine	bricht mit ihren bis zu zwei Meter langen Pfahlwurzeln Verdichtungen – auch von harten Böden – auf. Sammelt Luftstickstoff und bildet Humus.	Aussaat von April–August. Wunderschöne Bauerngartenblume für Garten und Haus.
Phacelia	hervorragende Bienenweide, blüht sehr lange. Stark verzweigte Wurzeln verbessern den Boden. Raschwüchsig, unterdrückt Beikraut.	Aussaat April–September. Wird auch Bienenfreund genannt, da ihre violetten Blüten Bienen anlocken. Gedeiht auch im Schatten gut.

PFLANZE	WIRKUNG	NOCH MEHR INFOS
Ringelblume	Wurzeln wehren Nematoden (kleine, wurzelschädigende Fadenwürmer im Boden) ab, allgemeine Bodenverbesserung, Humusanreicherung	Aussaat April–Juli. Diese Blumen mit ihren gelb-orange leuchtenden Blüten sind wunderschöne Begleiter im Bio-Garten. Sie wachsen gern neben Tomaten, Paprika und anderem Gemüse. Säe sie nach der Neuanlage eines Beetes, um Nematoden abzuwehren. Geeignet für Salben oder Tee.
Sonnenblume	fördert die Bodenstruktur, bricht Bodenverdichtungen auf, lockt zahlreiche Insekten an	Aussaat Mai–Juni. Die mächtigen, leuchtenden Sonnenblumen sind eine Augenweide im Garten und in der Vase. Passen gut ins Kürbisbeet.
Spinat	Bodendecker für den Winter. Wurzeln bilden Saponine, die eine fördernde Wirkung auf das Bodenleben haben und die Wasserspeicherung des Bodens erhöhen.	Aussaat im Februar/März oder August–Oktober. Lass nach der Ernte Pflanzenreste und Wurzeln im Beet.
Tagetes	lockt Bienen und andere Insekten an. Wurzeln wehren Nematoden ab und hinterlassen einen humusreichen, krümeligen Boden	Aussaat März–Juni. Gelb-orange Blüten sind ein Blickfang im Gemüsebeet. Säe sie bei der Neuanlage eines Beetes, denn sie vertreiben Nematoden.

Hier siehst du eine Reihe von Gründüngungspflanzen. Schön anzuschauen und perfektes Futter für deinen Boden.

Tagetes

Ringelblume

Sonnenblumen

Lupine

Erbsen

Buchweizen

Stangenbohnen

Hier kannst du deutlich die Knöllchen auf den Erbsenwurzeln erkennen.

Gründüngung als Nährstoff-Depot: anbauen und verwerten

Besonders im Winter werden aus nicht bepflanzten Beeten Nährstoffe ausgewaschen. Diese sind dann als Moleküle im Boden frei beweglich und werden durch Regen oder Schneeschmelze immer tiefer gespült, bis sie schließlich im Grundwasser landen und es verschmutzen. Baue Gründüngungspflanzen also immer dann an, wenn ein Beet länger frei bleibt und unbedeckt ist. Die Gründüngung nimmt die Nährstoffe auf und dient als „Zwischenspeicher".

So knackst du den Nährstoffspeicher:

» Schneide die Gründüngungspflanzen kurz vor oder während der Blüte (Ausnahme: Du willst die Samen der Pflanze verwerten). Sonst sät sich die Gründüngung selbst aus und wandert als Beikraut durch deinen Garten. Oder du schneidest die Pflanzen, wenn du den Platz für die Folgekultur brauchst.

» Zerkleinere die Pflanzenteile und lasse sie auf dem Beet liegen. Die Wurzeln bleiben im Boden und verrotten dort.

» Regenwürmer und andere Bodentiere verwerten die Gründüngung und bauen damit wertvollen Humus auf. Dabei werden Nährstoffe und Spurenelemente für die Folgekulturen frei.

So werden deine Beete zu Humus-Weltmeistern

Eine dicke, nahrhafte Humusschicht kommt in den wenigsten Gärten einfach so vor. Am ehesten findest du sie dort, wo bereits seit Jahren nachhaltig Gemüse angebaut und mit viel Kompost, Mulch und Gründüngung gearbeitet wird. Bei den immer häufiger vorkommenden aufgeschütteten Böden (mehr auf Seite 14) ist die Humusschicht meist nur wenige Zentimeter stark. Die gute Nachricht: Humus kannst du mit verschiedenen Verfahren gezielt aufbauen.

Schicht für Schicht zu mehr Humus

In den Abschnitten zur Anlage neuer (Seite 30) und zur Aufbereitung bestehender Gemüsebeete (Seite 28) konntest du bereits lesen, dass Laub, Ernterückstände, Grasschnitt und andere Pflanzenreste übereinandergeschichtet werden. Einerseits schützt das den Boden vor Wind und Wetter, andererseits wird dadurch nahrhafter Humus aufgebaut. Denn die aufs Beet gebrachte organische Substanz (das sind die Pflanzenreste) wird von Regenwürmern und anderen fleißigen Helferlein in stabile Verbindungen – die sogenannten Ton-Humus-Komplexe – umgebaut. Gehst du Jahr für Jahr so vor, wächst der Humus in deinen Beeten beständig.

Mulch: eine Decke für das Beet

Beim Mulchen bedeckst du den Boden mit verschiedenen pflanzlichen Stoffen. Und das nicht nur beim Aufbereiten der Beete, sondern während des ganzen Gartenjahres. Der Mulch kommt also rund um alle Gemüsepflanzen, die gerade deine Beete besetzen.

Damit schlägst du zwei Fliegen mit einer Klappe: 1. Der schon vorhandene Humus wird durch den Mulch vor Wind und Wetter geschützt. 2. Der Mulch wird von den Bodenlebewesen nach und nach verdaut und zu Humus-Verbindungen aufgebaut.

Material für deine kuschelige Mulchdecke findest du in deinem Garten in Form von Pflanzenrückständen wie Gras, Laub oder Gemüseresten. Auch im Handel gibt es Mulchmaterial – aber Achtung! Das meiste davon ist für Gemüsebeete nicht geeignet – es hemmt die biologische Aktivität und versauert den Boden. Also Finger weg von Rindenmulch! Ideal fürs Gemüsebeet ist hingegen Miscanthus-Mulch, auch Elefantengras genannt. Noch viel mehr Infos rund ums Mulchen liest du ab Seite 94.

Packe deine Pflanzen in eine dicke Mulchschicht ein.

Gründüngung: Futter für dein Gemüse

Abgeschnittene und zerkleinerte Gründüngungspflanzen verbessern den Humus ebenso wie die im Boden zurückgebliebenen Wurzeln. Viele Tipps und Informationen zur Gründüngung bekommst du auf Seite 36.

Kompost als Humusgenerator

Die Entstehung von Humus findet – im Unterschied zu den bisher vorgestellten Maßnahmen – nicht auf den Beeten, sondern bereits am Kompostplatz statt. Da die Temperaturen bei der Kompostierung aufgrund der größeren Materialmengen höher sind, besteht Kompost aus stabileren Verbindungen, die das Bodengefüge verbessern und Nährstoffe an die Pflanzen langsam abgeben. Kompost sollte daher ein regelmäßiger Bestandteil deiner Bodenpflege sein. Wie Kompostierung funktioniert und worauf du achten musst, liest du auf Seite 90.

Halte deinen Boden mit Pflanzen gesund

Zur guten Bodenpflege und Aufrechterhaltung der Fruchtbarkeit gehört auch eine abwechslungsreiche Bepflanzung. Monokulturen – also jährlich dieselbe Gemüseart im selben Beet – führen zum einseitigen Verbrauch von Nährstoffen und laugen den Boden aus. Das nennt man Bodenmüdigkeit. Eine wechselnde und gemischte Bepflanzung (mehr über Mischkultur auf Seite 81) stabilisiert und bereichert die Humusschicht mit verschiedenen Wurzelausscheidungen und Ernterückständen.

Dieser Boden ist ein Problem

Bei manchen Böden nutzen auch die besten Absichten nichts, sie sind einfach unbrauchbar. Sei es, weil sie voll mit Bauschutt sind, bis in tiefe Schichten verdichtet, ständig feucht oder weil du schon nach 20 cm auf eine darunterliegende Versiegelung stößt.

Hier hilft nur eins: Ab nach oben! Das klappt mit erhöhten Beeten, Hügelbeeten, Hochbeeten oder Pyramiden. Damit schaffst du mehr Wurzelraum und humosere Bedingungen für deine Pflanzen. Wie du sie anlegst und weitere Ideen zeige ich dir im nächsten Abschnitt.

Auf befestigten Flächen, Terrasse und Balkon

Auch hier gilt: Wenn nach unten nichts geht, dann nutze den Raum nach oben. Denn der ist nahezu unbegrenzt. Jede Menge Anregungen für befestigte Flächen, Terrassen und Balkone warten auf dich ab Seite 51.

SCHAFF DIR ÜBERALL GEMÜSEINSELN – UND ERNTE AUCH AUF WENIG PLATZ

Nicht jede*r hat einen riesigen Garten. Das ist aber kein Grund, den Kopf hängenzulassen. Denn es gibt Anbaumethoden, mit denen du auch aus einer kleinen Fläche eine große Ernte rausholst. Und so manche Ecke, die dir als unbrauchbar erscheint, lässt sich gut nutzen. Verschiedene Elemente im Garten, auf dem Balkon oder der Terrasse sind nicht nur praktisch, sondern sehen auch hübsch aus.

Erhöhte Beete

Sie passen an Stellen, die du sonst nicht nutzen könntest, also z. B. auf schlechten Böden, geschotterten Plätzen oder Dachgärten. Aber natürlich kannst du sie auch genauso im normalen Gemüsebeet anlegen. Baue für erhöhte Beete einfach einen bodenlosen Rahmen (aus Holz, Ziegeln usw.) oder funktioniere alte Bäckerkisten bzw. Blumensteigen zu Pflanzgefäßen um. Ihr Boden hat Schlitze und Löcher, dadurch rinnt überschüssiges Wasser ab und die Pflanzenwurzeln nutzen zusätzlich die darunterliegende Erde.

Fülle die erhöhten Beete entweder direkt mit einer guten Bio-Erde oder einem Gemisch aus Pflanzenresten, Kompost und Erde. Durch die lockere und nährstoffreiche Befüllung wächst das Gemüse besser und ergiebiger.

Die Zucchini lieben ihr frisch aufgesetztes Beet und wuchern vor Freude fast über.

Mangold im Farbenrausch. Begrenzt wird das Ganze von drei Reihen Ziegeln.

Dachgemüse: Bäckerkisten + Tomaten: läuft!

Leere Gemüsesteigen auf einem schlechten Platz neben der Thujenhecke …

… werden zu tollen Kürbisbeeten.

Was tun mit dieser eher faden Ecke? …

... Ta-daa. Einfach in ein blühendes, erhöhtes Beet verwandeln.

Das Hügelbeet – fruchtbarer Berg für hungriges Gemüse

Mit dem Hügelbeet vergrößerst du eine ebene Fläche um das 2–2,5-Fache. Den Hügel baust du aus verschiedenen Gartenstoffen bis zu einer Höhe von mindestens 80 cm. Im Hügelbeet verrotten die einzelnen Materialien, dadurch geben sie viele Nährstoffe ab und das Beet erwärmt sich. Deine Pflanzen profitieren von beidem: Die Wärme fördert ihr Wachstum besonders in der Frühphase, und die Nährstoffe wirken ebenfalls wie ein Turbolader.

Auf ein frisch aufgesetztes Hügelbeet passen Starkzehrer, also alle Gemüsearten, die viele Nährstoffe brauchen, wie z. B. Kürbis, Zucchini, Melonen oder Paprika. Doch der Reihe nach.

Schritt für Schritt zum Hügelbeet

Du brauchst:
» Maßband, Pflöcke, Schnur, Hammer
» Wegemacherhaue
» Grabegabel, evtl. Heugabel
» Schaufel
» Rechen
» Schubkarre
» Gartenschere, Astschere
» evtl. Wühlmausgitter

Material für den Hügel:
» Strauchschnitt, Zweige, Äste
» Stängel- und Staudenreste
» Gras, Heu, Beikrautreste (samen- und wurzelfrei), andere Pflanzenreste aus dem Garten, salzfreie Obst- und Gemüseabfälle aus der Küche (z. B. Obstschalen, Salatblätter, Zwiebelschalen)
» Laub (kein Nusslaub, es enthält wachstumshemmende Inhaltstoffe)
» Kompost, alte Erde, Bio-Erde

Tipp:
Du hast nicht jedes Material zur Verfügung? Kein Problem. Wichtig ist eine bunte Mischung aus trockenem und saftigem Material. Anstelle des Strauchschnitts kannst du z. B. Holzhäcksel verwenden, anstelle von Grasschnitt andere grüne Pflanzenteile, mehr Laub und etwas Stroh. Und fehlenden Kompost ersetzt du durch mehr Bio-Erde.

So geht's:
Die beste Zeit zum Aufbau deines Hügelbeetes ist Herbst, da du hier über ausreichend Material verfügst. Oder sammle Laub und Ähnliches im Vorjahr und hebe es in Säcken oder großen Kartons auf. Für Laub findest du im Garten immer eine Verwendung.

1. *Vorbereitung:* Miss den Platz für das Hügelbeet aus und markiere ihn mit Pflöcken und einer Schnur. Dein Hügelbeet darf beliebig lang sein, die Breite sollte 1,5 Meter nicht überschreiten, damit du es gut bearbeiten kannst.
   Entferne eventuell vorhandenes Gras oder anderen Bewuchs (z. B. mit der Wegemacherhaue) und lege alles auf die Seite. Du kannst das Ganze später verwenden. Verlege ein feinmaschiges Wühlmausgitter. Die Maschenweite sollte maximal 7 × 7 mm betragen, denn sonst schlüpfen kleine Baby-Wühlmäuse durch und nisten sich in deinem Hügelbeet ein.

Ein Wühlmausgitter schützt vor den gefräßigen Nagern.

2. Starte mit großen Zweigen und Ästen und schichte sie über das Wühlmausgitter (die Stangen im Hintergrund des Bildes sind übrigens ein Gerüst für Bohnen).

3. Auf die Äste kommt etwas feineres Strukturmaterial, z. B. Stängel von Stauden, Sonnenblumen usw. Praktisch ist eine Heugabel, mit ihr fällt dir das Schichten leichter.

4. Verteile Gras oder Heu und andere pflanzliche Reste auf dem groben Untergrund. Langsam nimmt dein Hügelbeet Form an.

5. Auf das Gras folgt eine Mischung aus Küchenabfällen und halb fertigem Kompost.

6. Packe eine dicke Laubschicht auf dein Hügelbeet. Lockere sehr feuchtes Laub etwas auf, damit es nicht zu schimmeln beginnt.

7. Schütte alte Erde, z. B. Reste aus Blumentöp-
fen oder Pflanztrögen auf das Laub. Die obere
Laubschicht kannst du mit Erde vermischen.
Auf diese Weise gelangt Sauerstoff in die Schicht
und das Laub kann besser verrotten. Statt alter Erde kannst du natürlich auch Gartenerde
verwenden. Achte darauf, dass du nicht unbe-
absichtigt Schneckeneier und Beikrautwurzeln
einschleppst.

9. Die letzte Lage besteht aus guter, torffreier Bio-
Erde. Verteile sie mit dem Rechen über den
ganzen Hügel, forme diesen noch mal nach und
klopfe die Erde mit der Schaufel ein wenig fest,
damit sie nicht zu rutschen beginnt.

8. Schaufle fein gesiebten Kompost auf die alte
Erde. Verteile ihn mit Schaufel oder Rechen über
den gesamten Hügel. Flache den Hügel mit dem
Schaufelrücken oben etwas ab.

10. Ziehe mit dem Rechenstiel eine Rille in den oberen flachen Teil des Hügels. Bei Regen versickert dort das Wasser und verhindert, dass Erde weggespült wird.

Geschafft! Dein Hügelbeet ist fertig und freut sich auf die ersten Pflanzen. Wähle wie oben erwähnt Starkzehrer (Seite 97) aus, denn dein Hügelbeet ist ein richtiges Turbobeet.

Am Tag der Pflanzung – Anfang Juni.

Nach 3 Wochen: Kürbisse, Mais und rechts und hinten Stangenbohnen (beim Bohnengerüst). Dazwischen wild aufgegangene Sonnenblumen und Beikräuter.

Nach 8 Wochen: Gegen Kürbis & Co. haben Beikräuter keine Chance.

Nach 10 Wochen: Das Hügelbeet blüht und gedeiht.

Nach 12 Wochen: Unter den Blättern verstecken sich einige riesige Kürbisse. Hier die Sorte: ‚Langer von Neapel'. Erntegewicht 26 kg.

Dein Hügelbeet wird bereits im ersten Jahr schrumpfen. Es macht also gar nichts, wenn du es zu Beginn so hoch wie möglich baust. Im 2. Jahr kannst du noch einmal Starkzehrer anbauen, aber ab dem 3. Jahr ist der Nährstoffgehalt so weit aufgebraucht, dass er nur noch für Mittel- und Schwachzehrer (Seite 97) reicht. Das sind z. B. Rüben, Salate, Kohlrabi, Karotten, Stangensellerie oder Mangold. Nach 4–5 Jahren ist dein Hügelbeet so weit zusammengefallen, dass es nun ein humusreiches Flachbeet ist. Einem neuen Hügelbeet am selben Platz steht nichts im Wege.

Gärtnern de luxe mit dem Hochbeet

Bequem, ertragreich und fast frei von Schnecken und Wühlmäusen: Hochbeete erobern Gärten, Terrassen und Balkone im Sturm.

Hochbeete lassen sich nahezu für jede Fläche und jeden Zweck nutzen. Im Gemüsegarten, auf einer geschotterten oder befestigten Fläche, auf dem Dachgarten und Balkon oder als Zusatzbeet für Kräuter und Salate neben dem Haus. Im Hochbeet gedeihen Paprika, Kohl, Zucchini, Gurken oder Tomaten genauso wie Radieschen, Salate oder Lauch. Wurzelgemüse wie Karotten oder Pastinaken wachsen im Hochbeet aufgrund der lockeren Befüllung besonders gut. Da das Mikroklima warm und wachstumsfördernd ist, ist der Erfolg beim Anbau von Wintergemüse im Hochbeet außerordentlich groß. Mit einem Hochbeet gelingt deine Rund-ums-Jahr-Ernte garantiert.

Welches Hochbeet passt zu dir?

Hochbeete gibt es aus verschiedensten Materialien als Bausatz, oder du baust es dir einfach selbst.

Wichtige Gründe für die Wahl des Werkstoffes sind natürlich dein Geschmack und wie gut das jeweilige Material zu deinem Garten passt. Weitere Kriterien sind Haltbarkeit, Preis und Auswirkung auf deine Pflanzen.

Holz

Ein Hochbeet aus Holz fügt sich harmonisch in jeden Naturgarten, passt aber auch in einen schön designten oder minimalistischen Garten. Holz speichert tagsüber Sonnenenergie und gibt sie nachts langsam ab. Die Pflanzen profitieren vor allem in den kühleren und kalten Monaten vom Ausgleich der Tag-/Nacht-Temperaturen und wachsen gleichmäßiger.

Als pflanzlicher Ausgangsstoff entzieht Holz der Atmosphäre CO_2, das in deinem Hochbeet langfristig fixiert ist.

Die folgende Tabelle zeigt dir die fürs Hochbeet geeigneten Holzarten und ihre Haltbarkeit.

Lärchenholz passt perfekt in den Garten, ist lange haltbar und vergleichsweise günstig.

HOLZART	PREISKLASSE	HALTBARKEIT	HOLZSCHUTZ
Fichte	günstig	5–10 Jahre	erforderlich
Kiefer	günstig bis mittel	10–12 Jahre	erforderlich
Lärche	mittel	15–25 Jahre	nicht erforderlich
Eiche	teuer	25–30 Jahre	erforderlich
Robinie	teuer	30–40 Jahre	nicht erforderlich

Günstig und selbst gebaut: Ein Hochbeet kannst du dir auch aus Paletten zimmern.

Während bei den meisten Holzarten ein Holzschutz für ihre Haltbarkeit ausschlaggebend ist, benötigen Lärche und Robinie keinen Holzanstrich. Wichtig ist jedoch der konstruktive Holzschutz, vor allem bei Lärchenholz. Dazu musst du das Holz vor Feuchtigkeit und Kontakt mit Erde schützen. In der Erde befinden sich Pilze und andere Mikroorganismen, die am Holz knabbern und es zerstören. Holz, das dauernd nass ist, verfault.

An zwei Stellen ist das Holz gefährdet:

1. Am Boden, wo das Holz direkt auf der Erde steht. Errichte wie auf dem Bild ersichtlich eine Drainage, ähnlich einem Streifenfundament, und fülle sie mit Streusplitt, Riesel oder Kies. Alternativ sind verlegte Platten ein guter Schutz, sofern Regenwasser zwischen Fugen ablaufen kann.

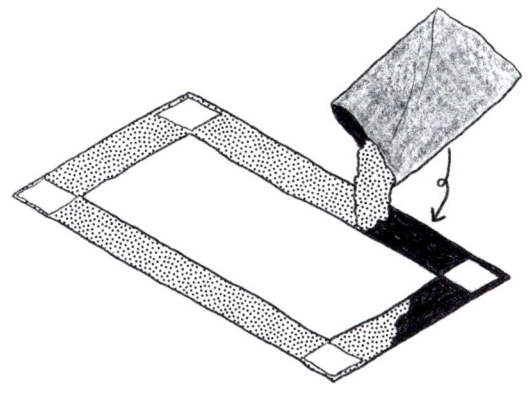

2. An der Innenseite des Hochbeets, also dort, wo die Erde direkt aufs Holz trifft.
   Bringe als Trennschicht eine Noppenfolie an, die du am besten mit Dachpappennägeln befestigst. Die Noppen müssen zum Holz zeigen, so kann Feuchtigkeit, die z. B. durch Verdunstung nach Regenfällen entsteht, besser entweichen.

Noppenfolie schützt das Holz vor Feuchtigkeit.

Mit diesen einfachen Maßnahmen erhöhst du die Lebensdauer deines Holz-Hochbeetes massiv. Wende sie auch für Hochbeete aus Fichten-, Kiefern- oder Eichenholz an. Robinienholz ist der Hardliner unter den Holzarten und hält sogar ohne diese Vorkehrungen sehr lange.

Metall

Du liebst klare Linien und funktionalistisches Design? Ganz klar: Dann muss Metall in deinen Garten. Hochbeete aus Stahl sind einfach im Aufbau und oft gut erweiterbar. Natürlich wirken Stahl-Hochbeete in Edelrost-Optik. Im Gegensatz zu ihren „grauen" Geschwistern haben sie einen großen Vorteil: Sie werden an sonnigen Tagen nicht heiß.

Natursteine und Ziegel

Hochbeete aus Natursteinen und Ziegeln passen als Blickfang in jeden Gemüsegarten. Sie sind stabil, langlebig und ein guter Wärmespeicher. Verwende am besten frostbeständige Klinker-Ziegel, andere Ziegel zerbröseln mit der Zeit. Der Aufbau eines Stein-Hochbeetes nimmt einige Zeit in Anspruch und geht – wenn du es von einem Profi errichten lässt – ganz schön ins Geld.

Kunststoff

Eine schnelle und günstige Variante ist ein Hochbeet aus Kunststoff. Es gibt verschiedene Bausätze, die sich beliebig erweitern oder umformen lassen. Apropos „umformen": Je nach Festigkeit und Zusatzstoffen verformen sich Kunststoff-Hochbeete in der Sonne. In Zeiten der Klimakrise stellt sich zudem die Frage, ob Kunststoff mit seinen aufwändigen Produktionsverfahren in einen nachhaltigen Bio-Garten passt. Eine interessante Alternative sind Hochbeete aus recycelten Kunststoffen, z. B. aus alten Getränkeflaschen, denen so neues Leben eingehaucht wird.

Kreativität und Upcycling

Mit etwas Kreativität und unter Verwertung nicht mehr verwendeter Gegenstände gelingen dir tolle Hochbeet-Projekte, die es nirgendwo zu kaufen gibt. Wie wär's mit einer alten Badewanne als Erdbeer-Hochbeet oder einem selbst geflochtenen Hochbeet aus Weiden- oder Haselruten? Sogar aus einem alten Kleiderschrank kann ein Hochbeet gezimmert werden.

Im Grunde ist einfach alles ein Topf. Diese ausrangierte Schubkarre gibt ein fantastisches Mini-Hochbeet ab.

Bequem soll es sein, dein Hochbeet

Darum spielen seine Länge, Breite und Höhe eine wichtige Rolle.

Die ideale Höhe bemisst sich an deiner Körpergröße:

KÖRPERGRÖSSE IN CM	HOCHBEET-HÖHE
< 160 cm	70–75 cm
160–180 cm	80–85 cm
>180 cm	95–100 cm
Kinder, je nach Alter	40–60 cm

Bei einer Breite von 120 cm bearbeitest du das Hochbeet bequem von beiden Seiten. Wenn du nur von einer Seite Zugang hast (z. B., weil es neben einem Zaun steht), sind 60–80 cm ideal. Die Länge ist grundsätzlich beliebig, achte aber auf die Stabilität. Denn ein zu großes Hochbeet leidet unter dem Gewicht seiner Befüllung und verformt sich.

Praktisch soll es sein, dein Hochbeet

Tomaten mit der Leiter zu ernten oder Bohnenstangen hinaufzuklettern, ist nicht so deins? Genau das kann dir passieren, wenn du diese Pflanzen in ein 80 cm hohes Hochbeet pflanzt. Hier genügt schon eine Höhe von 35–50 cm.

Wenn du in deinem Hochbeet Tomaten wachsen lassen willst, reichen 35 cm Höhe aus. Sonst heißt es für dich klettern bei der Ernte.

Achtung auf Balkon und Terrasse

Zusammen mit der Befüllung wird ein Hochbeet ziemlich schwer, da können schnell 800–900 kg zusammenkommen. Für Balkon oder Terrasse ist das zu viel! Risse im Boden und Schlimmeres können die Folge sein. Die meisten Hausverwaltungen gestatten 250–300 kg Belastung je m².

So reduzierst du das Gewicht deines Balkon-Hochbeetes:

– Fülle das Hochbeet zur Hälfte mit leichtem Material, z. B. wasserabweisendem Perlit oder Styropor.

– Baue einen Zwischenboden ein.

– Reduziere die Höhe – ideal ist ein Terrassenbeet mit ca. 30–40 cm Höhe.

Ein Terrassenbeet mit 35 cm Höhe ist auch für frei schwebende Balkone nicht zu schwer.

Ernte wegfuttern? Ihr müsst leider draußen bleiben

Lästige Tierchen, die gern an deiner Ernte mitnaschen möchten, sperrst du einfach aus.

» *Wühlmäuse:* Lege auf den Grund des Hochbeetes ein verzinktes, feinmaschiges Wühlmausgitter. Die Zinkbeschichtung schützt vor dem Durchrosten. Die Maschenweite sollte max. 7 × 7 mm betragen, damit die Wühlmäuse nicht durchschlüpfen können.

» *Schnecken:* hältst du mit einer Schneckenkante vom Hochbeet fern. Zusätzlich hilft ein selbstklebendes Kupferband, das du rund um das Hochbeet fixierst.

Eine Schneckenkante unter dem Handlauf können die Schnecken nicht überwinden.

» *Raupen, Erdflöhe und andere Insekten:* Ein feinmaschiges Insektennetz verhindert, dass diese Tierchen zu deinen Pflanzen gelangen.

Die Befüllung: Schicht für Schicht zur Superernte

Das Hochbeet ist – salopp gesagt – ein Hügelbeet in der Kiste. Darum erfolgt die Befüllung genauso wie beim Aufbau eines Hügelbeetes (Seite 42). Der einzige Unterschied ist, dass ein Hochbeet eine vorgegebene Höhe hat und du die Dicke der einzelnen Schichten etwas anpassen musst.

In der Skizze findest du eine Befüllung für ein 80 cm hohes Hochbeet.

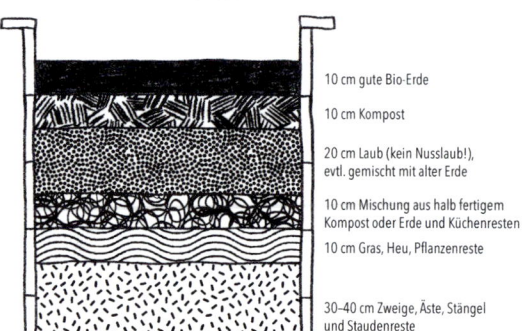

10 cm gute Bio-Erde

10 cm Kompost

20 cm Laub (kein Nusslaub!), evtl. gemischt mit alter Erde

10 cm Mischung aus halb fertigem Kompost oder Erde und Küchenresten

10 cm Gras, Heu, Pflanzenreste

30–40 cm Zweige, Äste, Stängel und Staudenreste

Die unteren Schichten werden durch die weitere Befüllung zusammengedrückt, darum gibst du zu Beginn mehr als 80 cm Material ins Hochbeet.

Was tun, wenn die Befüllung sinkt?

Schon im ersten Jahr wird die Befüllung durch das Verrotten weiter zusammensinken. Das ist gut so, denn genau dieses Zersetzen sorgt für den enormen Gemüseertrag. Fülle das Hochbeet nach der Ernte einfach wieder mit Grasschnitt, Laub, Kompost und Bio-Erde auf.

Anbauen im Hochbeet

Wie beim Hügelbeet ist das Hochbeet in den ersten 1–2 Jahren voller Nährstoffe. Baue also zuerst Starkzehrer, dann Mittelzehrer und ab dem 4. bis 5. Jahr Schwachzehrer an (mehr dazu ab Seite 97). Damit du nicht 5 Jahre auf deinen Salat warten musst, bietet uns die Natur aus ihrer Trickkiste die Mischkultur. Durch das Zusammenpflanzen von z. B. Kohl (Starkzehrer) mit Salat (Schwachzehrer) sind beide Pflanzen ausreichend mit Nährstoffen versorgt. Der Kohl nimmt Nährstoffüberschüsse auf, der Salat wächst gut mit dem verbleibenden Nahrungsangebot. Mehr über Mischkultur ab Seite 81.

Winter-Turbo Frühbeet-Aufsatz

Kombiniere dein Hochbeet mit einem Frühbeet-Aufsatz. Er fängt die Sonnenenergie ein und hält die Wärme im Winter und der Übergangszeit im Hochbeet. Im Frühling kannst du einige Wochen früher anbauen, im Herbst die Erntezeit verlängern und im Winter dein Wintergemüse schützen. Wie du die Kälte von deinen Pflanzen fernhältst, erfährst du ab Seite 108.

NACH OBEN HIN IST IMMER PLATZ: PFLANZ-PYRAMIDEN, PFLANZTÜRME, TREPPEN- UND STUFENBEETE, KRÄUTERPALETTE, ZÄUNE UND WÄNDE NUTZEN

Mach aus einem Quadratmeter einfach zwei, drei oder vier. Das klappt, wenn du die 3. Dimension nutzt, also die Höhe. Vertikaler Anbau gelingt auf vielen Plätzen: im Garten, am Balkon, entlang von Zäunen, an der Hauswand oder als Trennelement auf der Terrasse. Deiner Fantasie sind keine Grenzen gesetzt, hier einige Ideen für den Anbau in luftiger Höhe.

Pflanzpyramiden

Schräg übereinander gesetzte Rahmen (z. B. aus Holz) vergrößern zwar nicht die Anbaufläche, aber den Wurzelraum. In der Pyramide wachsen die einzelnen Pflanzen auf verschiedenen Ebenen und haben dadurch mehr Platz, um sich zu entfalten. Auf derselben Fläche bringst du also wesentlich mehr Pflanzen unter als auf einem Bodenbeet. Eine Pyramidenstufe sollte zumindest 15 cm hoch sein, je höher der einzelne Rahmen allerdings ist, desto mehr Platz gibt es fürs Gemüse.

Vor lauter Zucchini und Buschbohnen siehst du hier die Pflanzpyramide nicht mehr.

In eine Pflanzpyramide passen alle Arten von Gemüse. Tolle Erfolge bringt z. B. eine Mischkultur aus Zucchini und Buschbohnen. Die Zucchini wachsen in den unteren vier Ecken der Pyramide, die Buschbohnen in den darüberliegenden Reihen. Auf einem Quadratmeter Fläche befinden sich also vier Zucchinipflanzen und etwa 70–80 Buschbohnen-Pflänzchen. Zum Vergleich: Ein Zucchino benötigt auf dem Bodenbeet einen ganzen Quadratmeter für sich allein.

Auch Tomaten gedeihen im Pyramiden-Beet auf wesentlich engerem Raum und liefern eine große Ernte.

Eine Besonderheit ist die Kartoffelpyramide. Hier setzt du in jede Ecke der Pyramide 2–3 Saatkartoffeln, an die Spitze zwei. Die Saatkartoffeln bilden in ihren „Ecken" im Laufe des Sommers weitere Knollen. Verwende als Pflanzsubstrat eine Mischung aus Kompost und guter Garten- oder Bio-Erde. Die Erde sollte nicht zu nährstoffreich sein, denn sonst wachsen zwar sehr viele Blätter, aber weniger Kartoffelknollen. Du sparst dir also zusätzlichen Dünger.

Die kleinsten Pyramiden haben oft die dicksten Kartoffeln.

Lass die Kartoffeln etwa zwei Wochen, nachdem die Blätter zu welken beginnen, noch in der Erde. Dann ist Erntezeit. Baue Rahmen für Rahmen ab und sammle die Kartoffeln ein. Geh dabei vorsichtig vor, um die Knollen nicht zu verletzen – denn dann sind sie nicht mehr lagerbar. Deine Hände und eine stumpfe Handschaufel sind die besten Erntewerkzeuge.

Tipp:
Die alte Erde kannst du auf den Kompost geben, für ein Hügel- oder Hochbeet verwenden oder mit frischer Erde für den Anbau von Salat oder Kräutern mischen.

Praktisch ist eine langfristige Nutzung der Pyramide für den Anbau von Kräutern. In jede Ecke kommt ein anderes Kraut, auf der Sonnenseite mediterrane Kräuter wie Rosmarin, Thymian oder Salbei, in die nördlichen, schattigen Ecken passen Schnittlauch, Schnittknoblauch, Petersilie oder Estragon. Da die Kräuter mehrjährig sind, musst du die Pyramide nicht jedes Jahr neu bepflanzen.

Boden für Balkon & Co.
Im Garten sind die Pyramiden nach unten einfach offen, für befestigte Flächen benötigen sie einen Boden, z. B. aus Holz. Achte hier unbedingt auf Abflusslöcher, um Staunässe zu vermeiden.

Pflanztürme
Ähnlich einer Pyramide gibt es in Pflanztürmen verschiedene Stufen, auf denen die Pflanzen angebaut werden. Allerdings ist die Erde nicht miteinander verbunden, da die einzelnen Ebenen getrennt sind. Der Turm sollte nach oben hin schmaler werden oder schräg geneigt sein, damit das Licht auch zu den untersten Pflanzen gelangt. Pflanztürme eignen sich für flach wurzelnde Pflanzen, z. B. Salate, Erdbeeren oder Kräuter.

Treppen- und Stufenbeete

In Zaun- oder Mauerecken eines Gartens kannst du entweder 2 bis 3 Sträucher pflanzen, oder du nutzt sie für ein pyramidenartiges Stufenbeet, um auf vielen Ebenen Kräuter, Blumen und Gemüse anzubauen. Das Beet aus Löffelsteinen sieht nicht nur elegant aus, es bietet auch jede Menge Platz und ist dazu ein toller Sichtschutz Richtung Straße.

In jeden Löffelstein kommt eine Pflanze. Und das Beste: So ein Stufenbeet kannst du ganz einfach selbst bauen.

Treppenbeete passen an Hauswände, Zäune, Mauern und besonders auf Balkon und Terrasse. Stelle Töpfe oder Kistchen mit Kräutern und Salaten auf die einzelnen Stufen. Durch den treppenförmigen Aufbau bekommen alle Pflanzen ausreichend Licht, Luft und Platz.

Kräuter lieben Treppenbeete.

Kräuterpalette

Aus einer alten Palette, einigen Holzbrettern, Schrauben, einem Vlies und etwas Farbe entsteht mit der Kräuterpalette ein richtiger Blickfang. Sie passt in den Garten genauso wie auf alle befestigten Plätze.

So geht's:

1. Entferne das 2. und 4. Brett an der Oberseite der Palette, sodass nur mehr drei Bretter übrig bleiben. Das klappt am besten mit einem Stemmeisen.

2. Schraube an die Unterseite der „Palettenfüße" Holzbretter, so entstehen Pflanzbeete. Kleide diese mit einem Vlies aus, um das Holz an der Innenseite vor Feuchtigkeit zu schützen.

3. Streiche die Palette mit einer witterungsbeständigen Holzschutzfarbe.
4. Fülle Erde in die Pflanzbeete und setze Kräuter, essbare Blüten, Erdbeeren, Asia-Gemüse oder Salate schräg ein. Die Pflanzen wachsen nach vorne, es entsteht eine wunderschöne, lebende Wand.

Zäune und Wände nutzen

Ein Platz, dem leider viel zu selten Aufmerksamkeit geschenkt wird, sind Zäune und Wände. Besonders auf einem Balkon oder der Terrasse sind Wände ein Pflanzbeet mit enormem Potenzial. Darüber hinaus haben die lebenden Wände in der Stadt einen besonderen Nutzen: Sie schaffen ein angenehmes Mikroklima, indem sie Haus und Balkon kühlen.

Beete am Zaun

Entdeckt in Utrecht: Selbst ein Baugerüst wird mit Holzbeeten zum Minigarten.

Pflanztaschen, Körbe und Kübel

Fixiere einen alten Stoff- oder Jutesack, Schuhe, Taschen, kleine Kübel, alte Hosen, Körbe oder andere Gegenstände, die du unbenützt zu Hause oder auf einem Flohmarkt findest, ans Geflecht deines Gartenzauns, an dein Balkongeländer oder mit einem Haken an eine Wand. Auch fertig gekaufte Pflanztaschen sind eine Möglichkeit.

Regale an der Wand

Nicht neu, aber praktisch. Montiere klassische Regalbretter in unterschiedlichen Höhen an die Wand. Darauf kommen Blumentöpfe, Balkonkistchen und Hängeampeln.

Räume schaffen

Durch stehende, vertikale Pflanzsysteme entstehen sogar auf einem kleinen Balkon schöne Räume. Mit ihnen kannst du z. B. den Essplatz von der Pflanzenecke trennen – das gibt dem Balkon mehr Tiefe und lässt ihn größer wirken.

Ranken, klettern, schlingen

Mehrere Gemüsearten streben von ganz allein nach oben. Sie haben verschiedene Organe entwickelt, die ihnen auf ihrem Weg hinauf helfen. In der Natur nutzen sie andere Pflanzen, um sich festzuhalten, im Garten oder am Balkon brauchen sie von dir zur Verfügung gestellte Klettervorrichtungen. Der Vorteil: Du sparst Platz, denn ohne Kletterhilfe würde sich das Gemüse einfach im Beet breitmachen und wäre weniger ertragreich.

Stangen

Stangenbohnen schlingen sich mit ihren Stängeln eng um die Stangen und wachsen 2 Meter und höher. Sie benötigen stabile, gute verankerte Stangen, da auf diesen ab dem Sommer – wenn die Bohnen üppig tragen – ein ordentliches Gewicht lastet.

Für Tomaten gibt es speziell gefertigte Stangen aus Metall. Mit einem normalen, etwa 150–200 cm hohen Holzpflock oder stabilem Holzstab klappt das Hochbinden auch.

Über eine Stütze freuen sich übrigens auch Paprika, Chili und Auberginen.

Stangenbohnen schlingen sich rund um ihre Kletterhilfen.

Ranknetze und Rankgitter

Kürbisse, Gurken, Melonen und Erbsen gehören zu den rankenden Pflanzen. Sie klettern nach oben, indem sich ihre Ranken – das sind umgebildete Blätter – an einer Rankhilfe festhalten. Neben Rankgittern sind Ranknetze eine gute Unterstützung und dazu flexibler in der Anwendung. Vor allem Pflanzen mit zarteren Ranken wie z. B. Erbsen oder Gurken fällt es leichter, sich an den dünneren Fäden des Ranknetzes festzuhalten. Befestige sie einfach an einigen Holzpflöcken oder Metallstehern. Auch ein Stück Maschendrahtzaun ist eine gute Stütze.

Tipp:
Fange das Gewicht der Melonen und Kürbisfrüchte mit Stofftüchern oder alten Zwiebel- oder Kartoffelsäcken auf.

Kürbisse klettern mit Hilfe von Ranken nach oben. Ziemlich genial, oder?

Die riesigen Kürbisse haben ein Zwiebelnetz als Hängematte.

Ein Stück Maschendrahtzaun stützt die Erbsen.

KEIN GARTEN? KEIN PROBLEM!

Viele der hier bereits vorgestellten Gemüseinseln passen genauso gut auf eine befestigte Fläche, also eine Terrasse, einen Balkon oder ein gepflastertes Fleckchen im Garten. Sie brauchen lediglich einen Boden, damit die Erde nicht ausrinnt. Wichtig sind Abflusslöcher, um Staunässe zu vermeiden. Decke die Löcher mit einem Vlies, Fliesengitter oder Steinen ab. So wird das Wasser gefiltert und kann einfach ablaufen. Natürlich dürfen auch die „klassischen" Pflanzgefäße nicht fehlen.

Ranknetze aus Jute sind ökologisch und frei von Mikroplastik.

Töpfe und Tröge

Stimme ihre Größe und vor allem ihre Höhe auf das Gemüse ab. Flach wurzelnde Pflanzen wie Salat, Rucola, Radieschen oder Kräuter gedeihen schon in einem 15–20 cm tiefen Topf sehr gut. Wähle für tiefer wurzelnde Pflanzen wie Tomaten, Paprika oder Karotten einen größeren Topf oder Trog mit mindestens 40–50 l Volumen. Viel Platz brauchen – vor allem in der Breite – Zucchini, Kürbis oder Gurken.

Kräuter kannst du quasi überall hineintopfen.

Bedenke, dass bei mehreren schweren Töpfen (z. B. aus Ton) ein ganz schönes Gewicht zusammenkommt. Verwende daher besonders auf frei schwebenden Bauteilen leichteres Material (z. B. Kunststoff).

Chilis wachsen super auf dem Balkon, brauchen aber auch ein bisschen Platz.

Blumenkästen

Kein Balkon ohne Blumenkästchen. Auf Geländern, Zäunen und sogar Hochbeeten erweiterst du mit ihnen die Anbaufläche.

Pflanzenampeln

Hier kommt das Gemüse von oben. In Pflanzenampeln passen Hängeerdbeeren, Hängekräuter und sogar auf den Kopf gestellte Tomaten.

Diese Tomatenpflanze steht Kopf.

WINTERSCHLAF WAR GESTERN: RUND UMS JAHR ERNTEN UND GENIESSEN

Deinen vorbereiteten Gemüsebeeten und -inseln fehlt noch eins: Gemüsepflanzen. Und Samen. Angebaut zur richtigen Zeit, mit den richtigen Pflanzpartnern, im passenden Abstand. Bereit zur Ernte das ganze Jahr hindurch. Wie und wann du startest und worauf es sonst noch ankommt für deine Rund-ums-Jahr-Ernte, erfährst du auf den nächsten Seiten.

Die liebe Familie

Wenn von Gemüse die Rede ist, hat du sicher bestimmte Vorstellungen. Vielleicht Tomaten. Oder Salat, Zucchini und Weißkohl. Nur wenige sind in unseren Breiten heimisch, die meisten Gemüsearten kommen ursprünglich aus anderen Weltregionen. Die bekannteste „Einwanderungswelle" fand wohl nach der Entdeckung Amerikas statt, als Seefahrer Tomaten, Paprika, Kürbis und Mais zu uns brachten – zuerst als Zierpflanzen, doch bald wurden daraus einige der beliebtesten Gemüsearten.

Mit der Zeit wurden durch Auslese und gezielte Kreuzungen verschiedene Sorten entwickelt. Die Begriffe „Gemüseart" und „Gemüsesorte" werden oft miteinander verwechselt. Das ist der Unterschied:

Gemüseart: ein bestimmtes Gemüse, also z. B. Zucchini, Salat, Tomate oder Paprika.

Gemüsesorte: Varietäten innerhalb einer Gemüseart, also z. B. ‚Dattelwein'-Tomate oder Snackpaprika ‚Hamik'. Gemüsesorten entstehen durch Züchtung oder durch natürliche Kreuzung.

Gemüseart Tomate, Gemüsesorte ‚Dattelwein'.

Unsere gängigen Gemüsearten sind oft miteinander verwandt, stammen also aus denselben Pflanzenfamilien. Es ist ganz praktisch, die Verwandtschaftsverhältnisse zu kennen, dies hilft dir bei der Anbauplanung. In der Praxis bedeutet das: nahe verwandte Pflanzen haben oft ähnliche Ansprüche an Boden und Nährstoffe (Stichwort Mischkultur, Seite 81), haben mit denselben Krankheiten und Tierchen zu tun oder reagieren ähnlich auf Wind und Wetter.

Gemüseart Kürbis, Gemüsesorte ‚Hokkaido' …

… oder: Perfekter Sitzplatz im Garten.

Pflanzenfamilien im Gemüsegarten:

PFLANZENFAMILIE (die in Klammern gesetzten Begriffe werden manchmal alternativ verwendet)	**GEMÜSEARTEN**
Baldriangewächse	Feldsalat
Doldenblütler	Karotten, Gelbe Rüben, (Wurzel-)Petersilie, Pastinaken, Stangen-, Schnitt- und Knollensellerie, Fenchel
Gänsefußgewächse	Spinat, Mangold, Rote Bete, Rote Melde
Hülsenfrüchtler (Schmetterlingsblütler)	Erbsen, Busch- und Stangenbohnen, Puffbohnen
Kohlgewächse (Kreuzblütler)	Radieschen, Rettich, Kresse, Rucola, Mairübe, Kohlrübe, Kohlrabi, Chinakohl, Asia-Gemüse, Brokkoli, Wirsingkohl, Rosenkohl, Grünkohl, Blumenkohl, Weißkohl, Rotkohl, Winterkresse
Korbblütler	Kopfsalat, Eissalat, Romanasalat (auch Binde- oder Kochsalat), Pflücksalat, Endiviensalat, Radicchio, Zuckerhut, Schwarzwurzeln
Kürbisgewächse	Zucchini, Gurke, Kürbis, Melone
Lauchgewächse (Zwiebelgewächse)	Zwiebeln, Schalotten, Winterheckenzwiebeln, Schnittlauch, Schnittknoblauch, Knoblauch, Lauch
Nachtschattengewächse	Tomate, Aubergine, Paprika, Chili und Pfefferoni, Andenbeere, Tomatillo
Portulakgewächse	Sommerportulak, Winterportulak
Süßgräser	Mais
Wegerichgewächse	Hirschhornwegerich

Alle ab ins Beet

Dein Gemüse landet auf zwei Arten im Beet: entweder als Samen oder als Jungpflanze. Ob du direkt säst oder Jungpflanzen einsetzt, hängt von der Gemüseart selbst und deinem Anbauplan ab.

Direktsaat

Manches Gemüse säst du ausschließlich direkt ins Gemüsebeet, da das Vorziehen als Jungpflanzen kaum möglich oder sogar mühsamer ist. Das sind:

» Radieschen und Rettich
» Kresse
» Rucola
» Feldsalat
» Winterportulak
» Karotten und Gelbe Rüben
» Wurzelpetersilie
» Pastinaken
» Spinat, Mangold, Rote Melde
» Erbsen
» Buschbohnen und Stangenbohnen

Mangold, Rucola, Karotten und anderes Saatgemüse gibt es mittlerweile sogar als Jungpflanzen zu kaufen. Allerdings ist das Setzen mit mehr Aufwand verbunden, als die Samen einfach in die Erde zu streuen.

Chili, Tomaten, Kartoffeln: We are family!

Mangold, …

… Radieschen und Feldsalat säst du direkt ins Gemüsebeet.

Sondergruppe Zwiebeln

Eine besondere Gruppe sind Zwiebeln, Knoblauch und Schalotten. Von diesen steckst du Zehen oder kleine Steckzwiebeln in die Erde, aus denen das küchenfertige Gemüse wird. Für die Zwiebel- und Schalottenanzucht gibt es auch Samen, bis zum fertigen Gemüse dauert es aber sehr lange.

Säen oder Jungpflanzen – du hast die Wahl

Andere Gemüsearten sind sowohl zum Aussäen als auch zum Vorziehen als Jungpflanze geeignet. Das direkte Säen ist einfacher, und den zarten Pflänzchen bleibt – anders als den Jungpflanzen – der Umzugsschock erspart.

Vorgezogene Jungpflanzen haben hingegen einen Wachstumsvorsprung von 3–4 Wochen. Mit ihnen erntest du früher oder füllst Lücken im Beet. Bei gezielter Planung erhöhst du deine Erntemenge, indem du auf einem soeben abgeernteten Beet sofort wieder Jungpflanzen anbaust. Durch diesen „Zeitgewinn" fährst du je nach Gemüseart 1–2 Ernten/Jahr mehr ein.

Gemüsearten, die sich sowohl zur Direktsaat als auch zur Vorzucht eignen, sind:

» Zucchini
» Kürbis
» Gurke
» Mairübe
» Asia-Gemüse, Pak Choi, Chinakohl
» Kohlrabi
» Kopfsalat, Pflücksalat, Endiviensalat, Romanasalat, Zuckerhut, Zichoriensalat
» Fenchel
» Rote Bete
» Mais
» Kräuter wie Petersilie, Schnittlauch, Dill, Winterheckenzwiebel, Schnittknoblauch, Basilikum

Schalotten werden gesteckt.

Gurken …

… und Kohlrabi kannst du direkt säen oder vorziehen.

Tomaten müssen als Jungpflanze nach draußen.

Dieses Gemüse geht nur als Jungpflanze

Schließlich gibt es noch jenes Gemüse, das du – in mitteleuropäischen Breiten – ausschließlich als Jungpflanzen ins Beet setzt, entweder selbst vorgezogen oder gekauft.

Viele unserer Gemüsearten kommen aus anderen klimatischen Regionen mit dauerhaft warmen Temperaturen, z. B. Tomaten oder Paprika. Die frostfreie Zeit (die bei uns oft erst nach den Eisheiligen Mitte Mai beginnt) ist für die lange Entwicklungszeit dieser Pflanzen einfach zu kurz. Darum werden sie je nach Pflanze bereits ab Februar im Haus, Wintergarten oder Glashaus vorgezogen.

Andere Pflanzen kommen zwar mit den kühleren Temperaturen zurecht, haben aber eine sehr lange Entwicklungszeit und werden bei Direktsaat nicht groß oder kompakt genug. Typische Vertreter sind Kohlgewächse wie Rotkohl oder Rosenkohl.

Setze folgendes Gemüse als Jungpflanzen ins Beet:

» Tomaten
» Paprika, Chili
» Aubergine
» Melonen
» Brokkoli
» Wirsingkohl, Grünkohl
» Rosenkohl
» Blumenkohl
» Weiß- und Rotkohl
» Sellerie, Stangensellerie
» Lauch

So kommen die Samen ins Beet

Samen direkt zu säen, ist gar nicht schwer. Wichtig ist ein gut vorbereitetes Beet. Reche die Oberfläche noch mal glatt und zerteile grobe Erdklumpen.

Du brauchst:

» Samen
» Beschriftungskärtchen + Stift
» Maßband
» Handhacke

So geht's:

1. Notiere Gemüseart und -sorte auf den Kärtchen. So weißt du später, was in deinem Beet sprießt.
2. Miss den Abstand zwischen den einzelnen Saatreihen. Dieser steht auf den Samenpäckchen und in der Tabelle auf Seite 78. Stecke die Beschriftungskärtchen in die jeweilige Reihe.

3. Ziehe mit der Hacke eine kleine Furche in die Reihe. Die Furche sollte etwas tiefer sein als das Samenkorn. Als Faustregel gilt: Saattiefe = 2–3 × Samengröße.

4. Denk daran, dass aus jedem Samenkorn später eine Pflanze wird, die ausreichend Platz braucht. Säe die Samen daher in der Reihe sehr dünn aus.

5. Bedecke die Samen anschließend mit Erde. Eine Ausnahme sind Lichtkeimer (siehe rechte Spalte). Sie werden nur leicht festgedrückt.

6. Gieße die frisch gesäten Samen vorsichtig mit einem schwachen Brausestrahl. Am besten gelingt das mit einer Gießkanne oder der Sprühfunktion deines Gartenschlauches.

Lichtkeimer

Lichtkeimer sind, wie ihr Name schon verrät, Samen, die zum Keimen Licht benötigen. Eingegraben in den Boden fehlt ihnen der Impuls zum Sprießen. Bedecke sie daher beim Aussäen NICHT mit Erde, sondern streue sie einfach in die markierte Saatreihe. Drücke die Samen mit dem Handrücken leicht fest, damit der Wind sie nicht davonbläst.

Folgende Gemüsearten und Kräuter sind Lichtkeimer:

» Kopf-, Pflück- und Romanasalat
» Gartenkresse
» Knollen-, Stangen- und Blattsellerie
» Basilikum
» Kümmel
» Bohnenkraut, Thymian, Majoran, Oregano
» Estragon

So ziehst du Jungpflanzen groß

Suche für die Anzucht deiner Jungpflanzen ein möglichst helles Plätzchen. Zum Beispiel neben einem Fenster, im Wintergarten oder, falls vorhanden, im Gewächshaus. In dunklen Räumen leisten dir Pflanzenlampen gute Dienste.

Du brauchst:

» Bio-Anzuchterde
» Anzuchtkistchen oder Töpfe, alternativ Upcycling-Gefäße wie leere Joghurtbecher oder halbierte Tetrapacks und Untertassen
» Samen
» Beschriftungskärtchen + Stift

So geht's:

1. Notiere Gemüseart und -sorte auf den Beschriftungskärtchen.

2. Fülle Bio-Anzuchterde in deine Gefäße. Anzuchterde ist nährstoffarme Erde und bestens für junge Keimlinge geeignet. Normale Blumenerde ist hingegen mit Dünger angereichert und zu „scharf" für Sämlinge. Besonders Salatkeimlinge bleiben „stehen", während starkzehrende Jungpflanzen von z. B. Tomaten, Paprika oder Zucchini sich auch mit einer nährstoffreicheren Erde gut entwickeln.

3. Säe je 2–3 Samen in einen Topf und stecke das Kärtchen mit der Sortenbezeichnung dazu. So weißt du später, was du angebaut hast. Decke die Samen mit Erde zu, drücke Lichtkeimer (Seite 63) aber nur leicht fest. In Anzuchtkistchen säst du die Samen mit ausreichendem Abstand, also alle 3–4 cm.

4. Gieße die Samen mit einer Sprühflasche, damit sie nicht durch einen zu starken Wasserstrahl weggespült werden. Halte die Erde immer feucht, sonst trocknen die Samen während der Keimung aus. Die Fensterbank ist ein guter Platz für deine Anzuchttöpfe und -kistchen.

5. Nach einiger Zeit haben sich die Pflänzchen entwickelt.

6. Entferne die schwächeren Pflanzen, damit die verbleibenden genug Platz haben. Je Topf sollte eine Pflanze übrigbleiben. Die anderen kommen entweder auf den Kompost oder du topfst sie in neue Gefäße um. Auch die Jungpflanzen aus den Anzuchtkistchen kommen einzeln in kleine Töpfe.

7. Härte deine Pflanzen ab, sobald es draußen wärmer wird. Stelle sie dazu ins Freie, damit sie sich an Licht und Luft gewöhnen. Starte mit 1–2 Stunden und lasse sie täglich länger draußen. Sobald die Nachtfröste vorüber sind, dürfen frostempfindliche Jungpflanzen in den Garten oder auf den Balkon übersiedeln.

Ein Frühbeet ist ideal, um Jungpflanzen abzuhärten. Zudem sind sie gut vor leichten Nachtfrösten geschützt.

So erntest du Gemüse zu jeder Jahreszeit

Lauchquiche im Januar, bunter Frühlingssalat im April, Tomatenpizza im August und Kürbiskuchen im Oktober – natürlich alles mit frischem, selbstgepflücktem Gemüse aus deinem Garten zubereitet.

Damit du zu jeder Jahreszeit in deinem Garten etwas zu ernten und essen findest, erstellst du dir, bevor du mit dem Säen und Setzen loslegst, am besten einen Anbauplan. Die folgenden beiden Beispiele zeigen dir, wie unterschiedlich ein Anbauplan für ein 2 m² großes Gemüsebeet sein kann.

Für Frischetiger: immer eine volle Schüssel bunter Vitamine

Auf Seite 66 findest du dazu einen übersichtlichen Anbau-Plan.

Du beginnst mit der ersten Aussaat, sobald der Boden nicht mehr gefroren ist. In einem Hochbeet mit Frühbeet-Aufsatz ist es meist wärmer und du kannst eher starten. Los geht's ab Mitte Februar mit Puffbohnen. Kurz danach folgen ab Anfang März verschiedene Salate, Radieschen und Kohlrabi. Salate und Radieschen haben eine rasche Entwicklungszeit. Nach etwa 6–8 Wochen, also im April, kannst du dich schon über die erste Ernte freuen. Noch schneller geht es, wenn du sie vorab im Haus oder Gewächshaus vorziehst.

Hier siehst du, welches Gemüse du wann vorziehst:

GEMÜSEART	VORZIEHEN AB
Kopfsalat ‚Attraktion'	Anfang/Mitte Februar
Eissalat ‚Saladin'	Anfang/Mitte April
Pflücksalat ‚Salad Bowl'	Anfang/Mitte Juni
Endiviensalat ‚Bubikopf 2'	Anfang/Mitte August
Pflücksalat ‚Red Salad Bowl'	Anfang/Mitte Juni
Gurke	Ende März
Kohlrabi	Anfang/Mitte Februar
Romanasalat ‚Valmaine'	Anfang/Mitte April
Kopfsalat ‚Merveilles des quatre saisons'	Anfang August
Pak Choi	Mitte September

Das restliche Gemüse säst du direkt ins Garten- oder Hochbeet.

Nach der ersten Ernte ist bereits Platz fürs nächste Gemüse. Neben weiteren bunten Salaten kommen ab Mitte Mai Gurken ins Beet. Die Salate erntest du laufend nach Bedarf. Von Pflücksalaten, Romanasalaten und Rucola hast du länger etwas, wenn du stets die äußeren Blätter abzupfst und das Pflanzenherz stehen lässt. So treibt der Salat ständig frische Blätter nach. ‚Salad Bowl' und ‚Red Salad Bowl' sind mit ihren sattgrünen und roten Blättern ideal für jeden Sommersalat. Sobald du alles aufgebraucht hast, kommen die nächsten Sätze Salat und Radieschen auf dieselben Flächen. Durch den gestaffelten und zeitlich versetzten Anbau ist immer genug Grünzeug für deine Salatschüssel da.

FEB	MRZ	APR	MAI	JUN	JUL	AUG	SEPT	OKT	NOV	DEZ	JAN	FEB	MRZ
	Kopfsalat 'Attraktion'		Eissalat 'Saladin'		Pflücksalat 'Salad Bowl'		Endiviensalat 'Bubikopf 2'						
	Radieschen 'French Breakfast'	Rucola			Pflücksalat 'Red Salad Bowl'		Mairübe 'Petrowski'		Winterspinat				
	Radieschen 'French Breakfast'	Rucola											
		Pflücksalat 'Misticanza'		Snack- oder Salatgurke					Asia-Gemüse				
	Puffbohnen				Rucola		Feldsalat		Winterportulak				
						Rettich 'Runder Kohlschwarzer'							
			Kohlrabi				Karotte 'Ochsenherz'						
		Pflücksalat 'Venezianer'	Romanasalat 'Valmaine'		Radieschen 'Sora' / Radieschen 'Sora'		Kopfsalat 'Merveille des quatre saisons'		Pak Choi				

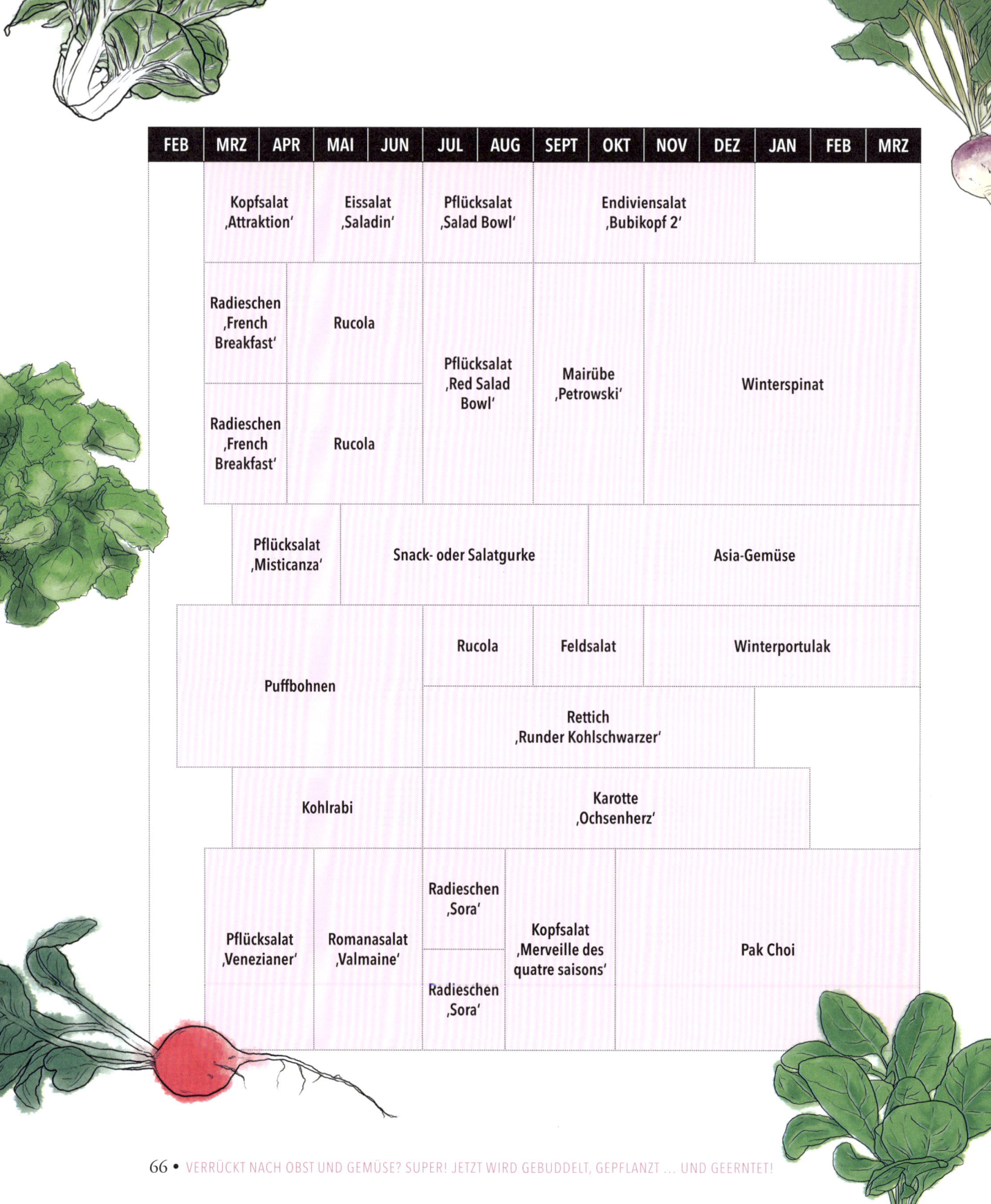

Ab Mitte Juni beginnt die Ernte von Puffbohnen und Kohlrabi, die Ende Juni/Anfang Juli abgeschlossen ist. Da Puffbohnen viel Platz brauchen, haben auf der frei gewordenen Fläche mehrere Gemüsearten Platz. Die Herbstrettich-Sorte ‚Wiener Runder Kohlschwarzer' verträgt – geschützt mit einem Gartenvlies – leichte Fröste. Ernte ihn je nach Bedarf bis Ende Dezember. Neben dem Rettich wachsen nacheinander Rucola, Feldsalat und Winterportulak. Letzteren kann Eis und Schnee nichts anhaben. Schneide sie an frostfreien Tagen. Winterportulak treibt bis in den März des Folgejahres immer wieder nach. Auf den Kohlrabi folgt die Karottensorte ‚Ochsenherz' – eine saftig-süße Karotte und ideal für die Herbst- und Winterernte. Ziehe Karotten bis in den Januar aus der (frostfreien) Erde.

Die Gurkenernte beginnt im Juli und endet Ende September/Mitte Oktober. Im Laufe des Sommers wachsen aus zarten gelben Blüten laufend Gurken nach. Säe auf den Gurkenplatz Asia-Gemüse, z. B. die Sortenmischung ‚Oriental Mix'. Asia-Gemüse passt zu Salaten genauso wie in Suppen, den Wok, ins Risotto oder zu Nudeln. Asia-Gemüse ist die Garantie für deine Winterernte. Es hält Temperaturen bis −20 °C aus und wächst nach dem Schnitt oder der Ernte einzelner Blätter zuverlässig nach. Im Beet bleibt das Asia-Gemüse bis März des Folgejahres, ernten kannst du es den ganzen Winter hindurch.

In einer Salatreihe findest du im Herbst zur Abwechslung Mairüben. Sie schmecken hervorragend in etwas Butter gedünstet. Baue zum Abschluss der Salatreihen Endiviensalat, Winterspinat und Pak Choi an. Endiviensalat verträgt – mit einem Vlies bedeckt – leichte Fröste. Ernte ihn bis Dezember. Winterspinat und Pak Choi überwintern hingegen, wachsen ab Februar weiter und versorgen dich bis März mit dem ersten Frühlingsgemüse.

Für Kochlöffel-Schwinger*innen: vom Garten in Topf und Pfanne

Auf Seite 68 findest du dazu einen übersichtlichen Anbau-Plan.

Säe Anfang/Mitte März die Samen von Spinat, Erbsen, Rettich, Gartenkresse und Karotten. Mangold ist etwas später dran, er darf ab Anfang April in die Erde. Spinat, Rettich und Gartenkresse wachsen schnell, sie sind typische Vorkulturen – also Pflanzen, die zeitlich vor dem „Hauptgemüse" ins Beet kommen. Erbsen und Karotten brauchen länger, sie erntest du im Juni.

Mangold „besetzt" dieselbe Fläche das ganze Jahr hindurch. Seine jungen, zarten Blätter stehen dir ab Mitte Mai zur Verfügung. Ernte zu Beginn sparsam und lasse das Pflanzenherz stehen. Mangold bildet von dort (dem sogenannten Vegetationskegel) immer kräftigere Blätter und Stiele, und das bis Herbst und Winter. Zugedeckt übersteht er leichte Fröste, im Folgejahr treibt er neu durch. Erst wenn sich die Pflanze streckt und Blüten bildet, werden die Blätter ungenießbar.

Folgende Pflanzen ziehst du vor:

GEMÜSEART	VORZIEHEN AB
Jalapeños	Anfang März
Lauch	Anfang April
Rosenkohl	Anfang April

Säe ab Mitte Mai Buschbohnen und setze Jalapeños-Jungpflanzen. Anfang Juli folgen auf Erbsen Rosenkohl und auf Karotten der Lauch.

Ab Juli geht's mit der Buschbohnen-Ernte los. Pflücke die nicht zu großen Hülsen regelmäßig, dann wachsen stetig neue nach. Die richtige Schärfe verleihst du deinen Speisen ab Juli bis September/Oktober mit den würzigen Jalapeños.

Säe nach dem Räumen von Bohnen und Jalapeño-Pflanzen Asia-Gemüse, Hirschhornwegerich, Radieschen ‚Eiszapfen' und Winterkresse. Dieses Winter-Gemüse erntest du laufend bis ins Folgejahr.

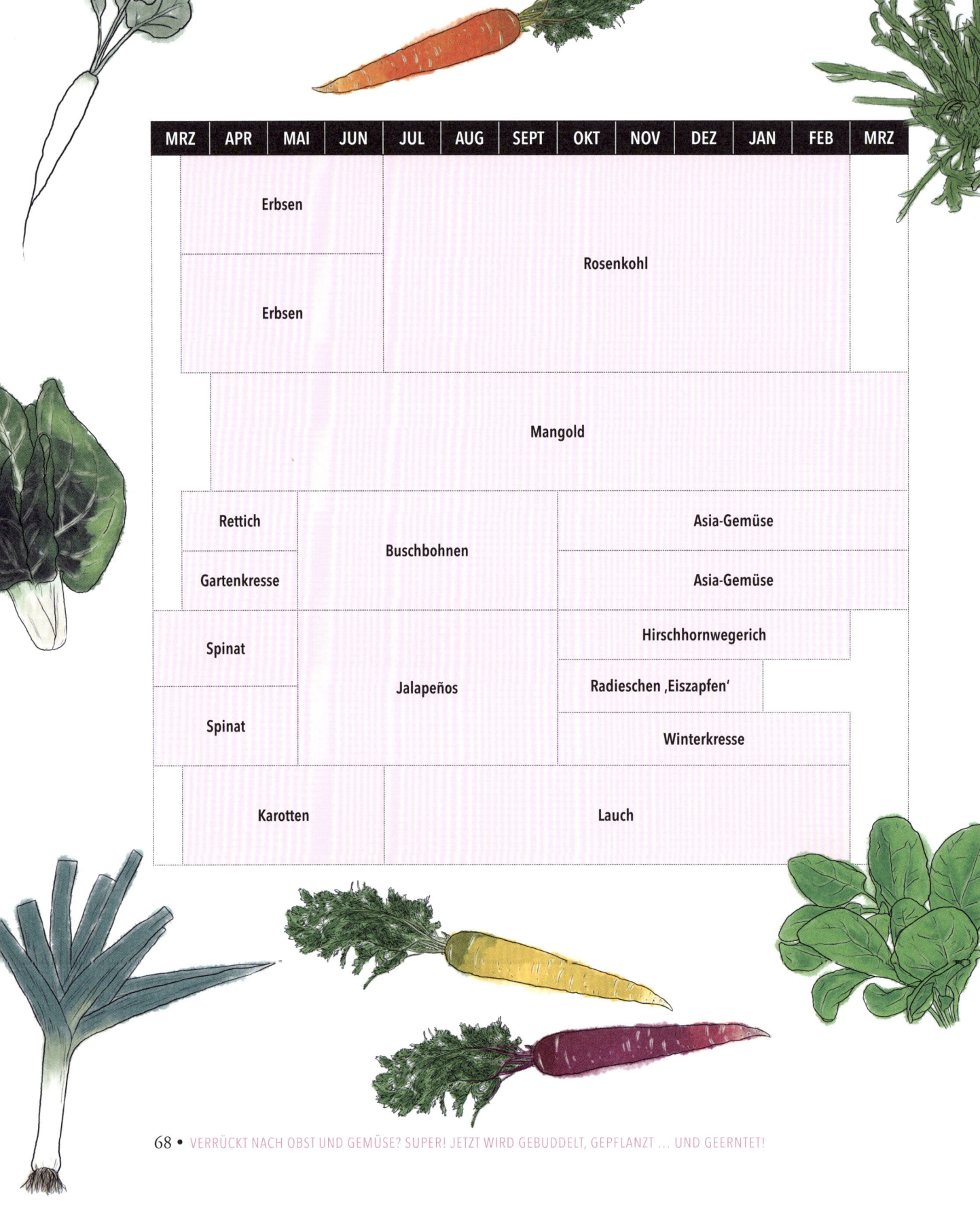

MRZ	APR	MAI	JUN	JUL	AUG	SEPT	OKT	NOV	DEZ	JAN	FEB	MRZ
	Erbsen											
		Erbsen			Rosenkohl							
				Mangold								
	Rettich			Buschbohnen			Asia-Gemüse					
	Gartenkresse						Asia-Gemüse					
	Spinat			Jalapeños			Hirschhornwegerich					
		Spinat					Radieschen ‚Eiszapfen'					
							Winterkresse					
	Karotten				Lauch							

An den langen Stangen des Rosenkohls reifen im Herbst die kleinen Röschen aus. Zusätzlich braucht es einige Frostnächte, erst dann entfalten die Kohlröschen ihr volles Aroma. Ernte die Rosen direkt vor dem Kochen je nach Bedarf, die restlichen Pflanzen bleiben im Garten. Auch Lauch schmeckt am besten frisch geerntet. Ziehe dazu die einzelnen Stangen aus dem frostfreien Boden. Mulch (Seite 94) hilft dir, die Erde warm zu halten. Die Ernte von Rosenkohl und Lauch ist bis Ende Februar möglich.

Alles zu seiner Zeit: säen, pflanzen und ernten

Jedes Gemüse hat seine Eigenheiten und besonderen Ansprüche. Darum ziehen deine Samen oder Jungpflanzen auch nicht alle gleichzeitig ins Beet. Lies hier, was alles auf Aussaat oder Pflanzung deiner kleinen Schätzchen Einfluss nimmt:

Keimtemperatur

Während das eine Gemüse schon bei wenigen Plusgraden keimt, braucht anderes Gemüse angenehm warme Temperaturen. Ein Beispiel: Für Radieschen genügt eine Bodentemperatur von 3–5 °C, Bohnen mögen lieber 20–25 °C.

Frostfestigkeit

Nachtfröste im Frühling machen wärmeliebenden Gemüsepflanzen zu schaffen. Dazu zählen z. B. Tomaten, Paprika, Kürbis, Zucchini, Gurken und einige andere. Zu früh gepflanzt erfrieren sie oder werden so stark beeinträchtigt, dass sie das restliche Gartenjahr klein und kümmerlich bleiben.

Für die frostempfindlichen Pflanzen gibt es einen Stichtag, nach dem sie ins Freie dürfen: den 15. Mai. Das ist der letzte Tag der Eisheiligen – das sind jene Tage Mitte Mai, an denen es erfahrungsgemäß das letzte Mal vor dem Sommer Nachtfröste gibt.

Achtung:

Manchmal sind diese Nachtfröste früher oder einige Tage später – also sieh dir sicherheitshalber auch den aktuellen Wetterbericht an.

Bohnen brauchen warme Füße zum Keimen.

Zucchini erfrieren, wenn es in der Nacht frostig wird.

Tageslänge

Die Dauer der Sonnenstunden an einem Tag hemmt oder aktivert die Blütenbildung. Die meisten unserer Gemüsearten beginnen ab 12 Stunden Tageslicht zu blühen, sie zählen damit zu den sogenannten Langtagpflanzen. Ein typischer Vertreter ist Salat. An den kurzen Tagen – im März und April – bildet er viele Blätter, er wird also groß und kräftig. Ab Mai/Juni startet die Blüte, der Salat streckt sich in die Länge und wächst zu kleinen Bäumchen heran, an deren Spitzen Blüten entstehen. Man sagt auch, der Salat „schosst" bzw. „schießt" in die Höhe. Seine Blätter sind nun hart und bitter, also ungenießbar. Beim Anbau im Mai/Juni bildet Frühjahrssalat statt eines schönes Häuptels sofort Blüten. Ähnlich ist es bei vielen anderen Gemüsearten, z. B. Spinat, Feldsalat, Asia-Gemüse oder Erbsen. Ihre Anbauzeit ist daher im zeitigen Frühjahr, also März oder April.

Salathäume im Beet: Zu lange Tage lassen Salat in die Höhe schießen.

Schossfeste Sorten: Von Salat wurden gezielt Sorten gezüchtet, die bei späterem Anbau nicht zu blühen beginnen. Diese setzt du im Mai oder Juni für deine Sommersalat-Ernte.

Eine Auswahl schossfester Salatsorten:

Kopfsalat	‚Ovation',‚Merveille des quatre saisons'
Eissalat	die meisten Sorten, z. B. ‚Grazer Krauthäuptel 2', ‚Saladin'
Pflücksalat	‚Till', ‚Red Salad Bowl', ‚Salad Bowl', ‚Lollo Rosso', ‚Lollo Bionda', ‚Catalogna'
Romanasalat	‚Little Gem'

Der Name ist hier ganz klar Wachstumsprogramm: Die Salatsorte ‚Merveille des quatre saisons' wächst zu jeder Jahreszeit.

Tipp:
Auf allen Samenpäckchen ist die Anbauzeit vermerkt. So erkennst du, ob eine Sorte für den Sommeranbau geeignet ist.

Entwicklungszeit

Die Zeitspanne vom Anbau als Samenkorn bis zum Abschluss der Ernte nennt man Kulturdauer. Diese kann je nach Gemüseart (oder -sorte) sehr unterschiedlich sein. Während etwa Rucola (4–6 Wochen), Radieschen (6 Wochen) oder Salat (6–8 Wochen) eine kurze Kulturdauer haben, fällt sie bei Brokkoli (5–6 Monate), Kürbis (6 Monate) oder Tomaten (6–7 Monate) lange aus. Bei Pflanzen, die länger im Beet bleiben, musst du dich an ziemlich fixe Anbauzeiten halten, bei Gemüse mit kurzer Kulturdauer bist du zeitlich flexibler. Natürlich mit der Einschränkung, dass keine anderen Einflüsse (z. B. die Tageslänge) dagegensprechen.

Bedenke, dass manche Pflanzen mit langer Kulturdauer frostempfindlich sind. Diese setzt du ab Mitte Mai ins Freie, mit dem Vorziehen startest du einige Wochen zuvor.

Tipp:
Im beigelegten Poster findest du alle Anbau- und Erntezeiten auf einen Blick.

Bitte nicht alles auf einmal! Deine Ernte zum Wunschtermin

Jetzt geht's mal weniger um die Bedürfnisse deiner Pflanzen, sondern um dich. Ein üppiges Gemüsebeet ist zwar super, doch 10 Salatköpfe, 3 kg Karotten, Rüben, Kohl, Tomaten, Bohnen, Zucchini und, und, und – das alles in einer Woche ist doch ein wenig zu viel des Guten.

Die beste Nachricht: Mit der Wahl des Anbauzeitpunktes hast du es – ein gutes Stück weit – in der Hand, wann du erntest.

Ruck, zuck, Rucola: Im besten Fall kannst du ihn 4 Wochen nach der Aussaat bereits ernten.

Für einen Brokkoli-Kopf brauchst du hingegen ein bisschen Ausdauer. Die Ernte ist erst nach einigen Monaten möglich.

Was tun mit so viel Gemüse zur gleichen Zeit?

Staffle den Anbau von Gemüse und Salat

» mal mit Pflanzen, die rasch erntereif sind
(Kombiniere Gemüse und Salate mit kurzer und mittlerer Kulturdauer.)

Hier ein praktisches Beispiel:

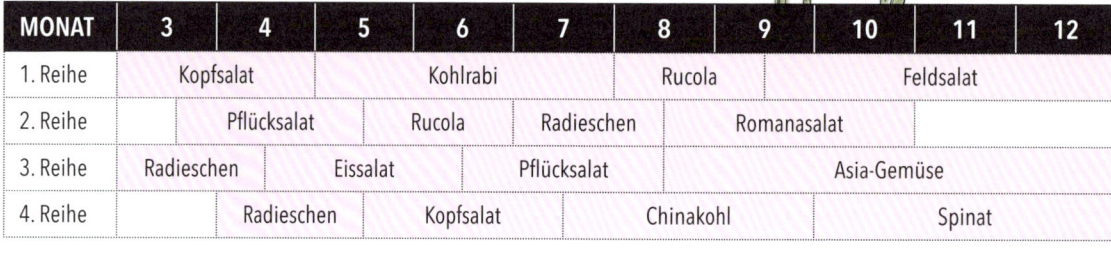

MONAT	3	4	5	6	7	8	9	10	11	12
1. Reihe	Kopfsalat		Kohlrabi			Rucola		Feldsalat		
2. Reihe		Pflücksalat		Rucola	Radieschen		Romanasalat			
3. Reihe	Radieschen		Eissalat		Pflücksalat		Asia-Gemüse			
4. Reihe		Radieschen		Kopfsalat		Chinakohl		Spinat		

Du hast ein Beet mit 4 Reihen, magst gerne Salate und dazu knackige Radieschen und Kohlrabi. In Reihe 1 und Reihe 3 setzt du schon Anfang März Salat und Radieschen. In Reihe 2 kommt 2 Wochen später, also Mitte März, der nächste Salat. Anfang April säst du Radieschen in die Reihe 4.

Weitere 2 Wochen später gibt es schon die erste Ernte, und zwar Radieschen. In die frei gewordene Reihe 3 setzt du den nächsten Salat, kurz darauf gibt es in Reihe 1 die erste Salaternte. Auf diesen Platz darf nun Kohlrabi. Er hat eine etwas längere Kulturdauer von 12 Wochen, anschließend gehen sich aber trotzdem noch je ein Satz Rucola und Feldsalat aus. Auch von den anderen Reihen gibt es nach und nach etwas zu ernten und Platz für Folgegemüse.

Durch die verschiedenen Anbauzeiten und die unterschiedlich lange Kulturdauer der einzelnen Gemüsearten hast du immer etwas zu ernten – gut verteilt über das ganze Jahr.

» und mal in Kombination mit Gemüse, das lange im Beet bleibt
(Kombiniere Gemüse und Salate mit kurzer, mittlerer und langer Kulturdauer.)

Du möchtest im Sommer zusätzlich saftige Paprika ernten. Dafür änderst du die Reihenbepflanzung ein wenig – dein Beet sieht nun so aus:

Reihe 1 bleibt gleich. Der Termin für die Paprika-Pflanzung ist fix, nämlich Mitte Mai. Säe Mitte März den Salat in Reihe 2, den Radieschen-Anbau in Rei-

MONAT	3	4	5	6	7	8	9	10	11	12
1. Reihe	Kopfsalat		Kohlrabi			Rucola		Feldsalat		
2. Reihe		Pflücksalat		Paprika					Winterportulak	
3. Reihe		Radieschen							Asia-Gemüse	
4. Reihe	Radieschen		Eissalat		Rucola		Romanasalat		Spinat	

he 3 verlegst du auf Anfang April. Salat und Radieschen erntest du gleichzeitig Mitte Mai. Anschließend setzt du Paprika in die Mitte beider Reihen – denn er braucht mehr Platz im Beet. Pflücke Paprika regelmäßig ab Mitte Juli.

Zeitplan und Gemüsearten ändern sich auch in Reihe 4. Die Radieschen dürfen schon Anfang März ins Beet, anschließend folgen mehrere Salate und als Wintergemüse Spinat. Diese kleinen Umstellungen bewahren dich vor einer Gemüseschwemme zur selben Zeit.

Volle Erntekörbe im Winter

Wenn der Sommer in seine letzte Etappe geht, macht sich Wehmut bei dir breit? Zumindest was den Garten betrifft, besteht dazu kein Grund. Im Winter ist zwar weniger zu tun, dafür umso mehr zu ernten.

Wintergemüse hat gegenüber dem Frühlings- und Sommergemüse sogar einige unschlagbare Vorteile:

Mitesser ade

Schnecken, Blattläuse und Co. verabschieden sich in den Winterschlaf. Über grobe (Fraß-)Schäden am Wintergemüse brauchst du dir keine Sorgen zu machen.

Hitzekollaps ausgeschlossen

Viele Pflanzen kommen mit kühleren Temperaturen sogar besser zurecht als mit heißen Sommertagen. Besonders Kohlgewächse legen im Herbst und Winter noch mal richtig zu.

Eintönig war gestern

Selbst geerntetes Wintergemüse überrascht dich mit seinem intensiven Geschmack. Denn alle im Sommer und Herbst gesammelten Stoffe wie Zucker oder sekundäre Pflanzeninhaltsstoffe speichert es nun in seinen Wurzeln, Knollen und Blättern – als Schutz vor Frost und Kälte. Das Aroma mancher Gemüsearten, z. B. von Rosenkohl oder Grünkohl, entfaltet sich nach dem ersten Frost sogar erst richtig.

Lauch und Rosenkohl mit Schneehaube.

Wintergemüse gibt es in Dunkelviolett und Tannengrün. Und das Beste ist der satte Geschmack.

Der volle Geschmack von Rosenkohl und Grünkohl kommt erst nach dem Durchfrieren zur Geltung.

Ziemlich special

Winterportulak, Hirschhornwegerich, ,Mizuna' und ,Eiszapfen'. Sagt dir nichts? Dann wird es höchste Zeit, dass du diese besonderen Leckerbissen kennenlernst. Frisch aus deinem Hoch- oder Gartenbeet –, denn zu kaufen bekommst du sie (fast) nirgends.

Bekommst du sonst (fast) nirgends: eine bunte Mischung an Asia-Salaten.

Winterportulak schmeckt nach zartem Mais und ist voll mit Vitaminen.

Schossen ausgeschlossen

Richtung Winter werden die Tage immer kürzer. Für Langtagpflanzen (Seite 70) fällt damit der Blühreiz weg, sie verwenden ihre ganze Energie für neue Blätter. Ein Grund, warum du Wintergemüse tatsächlich den ganzen Winter hindurch ernten kannst. Erst ab März/April – mit den länger werdenden Tagen – beginnen die Pflanzen zu blühen.

Wintergemüse anbauen

Um gleich mit einem gängigen Missverständnis aufzuräumen: Wintergemüse wird NICHT im Winter angebaut, sondern nur geerntet. Es sollte daher eigentlich Winter-ERNTE-Gemüse heißen!

Zum Wintergemüse gehört eine große Gruppe verschiedener Gemüsearten. Allen gemeinsam ist, dass sie mit Frösten gut zurechtkommen – von wenigen Minusgraden bis -20 °C und weniger. Von manchen Gemüsearten sind nur bestimmte Sorten für den Winteranbau geeignet, andere nicht. Eine Rolle spielt das besonders bei Salaten, Radieschen und Mangold.

Die folgende Aufstellung gibt dir einen Überblick über Wintergemüsearten und -sorten sowie ihre Frostfestigkeit.

GEMÜSEART	SORTE	FROST-FESTIGKEIT
Asia-Gemüse	» Pak Choi » ,Garnet Giant' » Mizuna » Mibuna » Tatsoi » ,Red Giant' » ,Grün im Schnee' » ,Rouge metis' » ,Golden Frills' » ,Namenia' » ,Purple Wave' » ,Golden Streaks' » ,Wasabino' » ,Oriental Mix'	hoch
Brokkoli		hoch

GEMÜSEART	SORTE	FROST-FESTIGKEIT
Chinakohl	» ,Bilko' » ,Granaat' » ,Scarvit' (rot)	schwach bis mittel
Eissalat	» ,Grazer Kraut-häuptel' » ,Saladin'	schwach bis mittel
Endiviensalat	» Escariol grüner » ,Bubikopf' » ,Nuance' » ,Wallone'	schwach bis mittel
Feldsalat		hoch
Fenchel	» ,Perfektion' » ,Montebianco' » ,Selma'	schwach
Grünkohl	» z.B. ,Westland-se Winter', ,Roter Grün-kohl'	hoch
Hirschhorn-wegerich		hoch
Karotte	» ,Ochsenherz' » ,Robila' » ,Nantaise 2/ Milan' » ,Purple haze' (violett) » ,Gniff' (violett) » ,Maruschka' (weiß) » ,Jaune du Doubs'	mittel bis hoch
Kohlrabi	» z. B. ,Super-schmelz' » ,Blaro' (rot)	schwach bis mittel
Kohlrüben	» z. B. ,Wilhelms-burger'	hoch

GEMÜSEART	SORTE	FROST-FESTIGKEIT
Kopfsalat	» ,Larissa' » ,Ovation' » ,Merveille des quatre saisons' » ,Kosalec' » ,Winterkönig'	schwach bis mittel
Kresse		mittel
Lauch	» z.B. ,Atlanta' und andere Sorten	hoch
Mairüben	» ,Snow Ball' » ,Petrowski' » ,Teltower Rübchen'	hoch
Mangold	» ,Jessica'	mittel
Pastinaken		hoch
Pflücksalat	» Salatmischung ,Misticanza' » ,Catalogna' » ,Venezianer' » ,Spricana Kupana' » Salatmischung ,Mesclun' » ,Piro' » ,Lollo Bionda' » ,Lollo Rossa' » ,Lattughino'	mittel
Radieschen	» ,Eiszapfen' » ,Cherry Belle' » ,French Break-fast'	mittel schwach schwach
Rettich	» ,Wiener runder Kohlschwarzer' » ,Ovale Blanc de Munich' (Typ ,Münch-ner Bier')	schwach bis mittel

GEMÜSEART	SORTE	FROST-FESTIGKEIT
Romanasalat	» ,Valmaine' » ,Little Gem' » ,Forellen- schluss'	mittel
Rosenkohl		hoch
Rote Bete	» ,Rote Kugel' (rund) » ,Forono' (läng- lich)	schwach
Rotkraut	» ,Granat' » ,Tête Noir'	schwach bis mittel
Rucola	» Wilde Rauke	schwach bis mittel
Schalotte		hoch
Schwarzwurzel		hoch
Spinat	» Alle Sorten, z. B. ,Winter- riesen Stamm Verdil'	hoch
Weißkohl	» ,Dowinda' » ,Premstättner Schnitt'	schwach bis mittel
Winterhecken- zwiebel		hoch
Winterkresse		hoch
Winterportulak		hoch
Wirsingkohl	» z. B. ,Lange- dijska'	hoch
Wurzelpetersilie	» z. B. halblange	mittel bis hoch
Zuckerhut		mittel bis hoch

Frostfestigkeit:
Schwach: frostfest bis -5 °C
Mittel: frostfest -5 bis -10 °C
Hoch: frostfest bis -10 °C und darunter

Einige Wintergemüsearten benötigen Kälteschutz. Wie du sie dabei unterstützen kannst, liest du auf Seite 108.

So klappt die Wintergemüse-Ernte

Blatt für Blatt
Blattgemüse wie Pflücksalat, Asia-Gemüse, Rucola, Spinat oder Mangold treibt – vom Pflanzenherz aus-gehend – immer wieder nach. Ernte daher von außen nach innen und lasse die innersten Blätter, also das Herz, stehen.

Finger weg von gefrorenen Blättern
Ist es einmal so richtig kalt, dann lass die Finger lieber von den gefrorenen Blättern. Denn wenn du sie ern-test, brechen ihre Zellen und sie werden matschig. Ist der starke Frost vorbei, feiern die Blätter förmlich eine Wiederauferstehung und sind knackig und frisch.

Ernte keine gefrorenen Blätter, sie werden nach dem Auftauen matschig.

Nutze Sonnenfenster und Mittagswärme
Unter einem Kälteschutz, zum Beispiel einem Früh-beet-Aufsatz (Seite 50), tauen die Pflanzen schon bei wenigen Sonnenstrahlen auf, denn diese erwärmen das Beet unter der Abdeckung. Jetzt ist die beste Zeit für die Ernte von Blättern, Köpfen, Wurzeln und Knollen.

Unter dem Frühbeet-Aufsatz ploppt der Salat förmlich auf.

Mit einem Maßband hast du den richtigen Pflanzabstand im Griff.

GIB DEINEM GEMÜSE LUFT, LIEBE – UND PLATZ!

Es ist so verlockend: Das Beet ist frisch aufbereitet und du kannst das Anbauen kaum noch erwarten. Dazu kommt die Vielfalt an Samen, Sorten und Jungpflanzen, die du unterbringen willst. Da Samen winzig sind und Jungpflanzen auch noch klein, passt doch alles in das Gemüsebeet, oder? Leider nein, denn in wenigen Wochen werden aus den kleinen Pflänzchen große Pflanzen, die ausreichend Platz für eine gute Entwicklung brauchen. Zu eng gesetzte Pflanzen hemmen sich gegenseitig im Wachstum, nehmen sich Nährstoffe und Wasser weg und sind anfälliger für hungrige Plagegeister und Pilzerkrankungen.

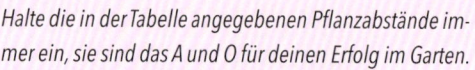

Halte die in der Tabelle angegebenen Pflanzabstände immer ein, sie sind das A und O für deinen Erfolg im Garten.

GEMÜSEART	PFLANZABSTAND IN CM	
	IN DER REIHE	ZWISCHEN DEN REIHEN
Andenbeere	50	60
Asia-Gemüse	reihig dünn säen oder 20–25 cm als Kopf	25–30, bei Ernte als Baby-Leaf 15–20 cm
Aubergine	40	40
Blumenkohl	40	40
Brokkoli	40	40
(Busch-)Bohnen	Horstsaat: alle 30–40 cm 6–8 Samenkörner	40

GEMÜSEART	PFLANZABSTAND IN CM	
	IN DER REIHE	ZWISCHEN DEN REIHEN
Chili	40	40
Chinakohl	30	40
Eissalat	25–30	25–30
Endiviensalat	25–30	25–30
Erbsen	alle 5 cm 1 Korn	25 cm oder Doppelreihen 40 cm
Feldsalat	reihig säen	10–15 cm
Fenchel	25	25
Grünkohl	40	40
Gurke	40	40
Hirschhornwegerich	reihig dünn säen	15
Karotten	reihig dünn säen, vereinzeln auf 5 cm	20
Knoblauch	alle 10–15 cm 1 Zehe stecken	30
Knollensellerie	30	40
Kohlrabi	25–30	30
Kohlrübe	alle 5 cm 1 Korn, vereinzeln auf 15 cm	30
Kopfsalat	25–30	25–30
Kresse	reihig säen	15
Kürbis	150 cm, die Blätter mehrerer Kürbisse überlappen sich am Boden. Hochbeet: von Ecke in den Garten ranken lassen	150
Lauch	15	20–25
Mairübe	alle 5 cm 1–2 Körner, vereinzeln auf 10 cm	20–30
Mais	alle 15 cm 1–2 Körner, dann auf 40 cm vereinzeln	80
Mangold	in der Reihe alle 4–5 cm 1–2 Körner, vereinzeln auf 10–15 cm	30
Melone	50 cm mit Kletterhilfe	100
Paprika, Pfefferoni	40	40

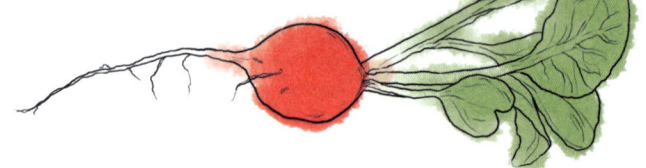

GEMÜSEART	PFLANZABSTAND IN CM	
	IN DER REIHE	ZWISCHEN DEN REIHEN
Pastinaken	reihig dünn säen, vereinzeln auf 10–15 cm	40
Petersilie (Blatt)	reihig dünn säen	20
Pflücksalat	reihig dünn säen oder bei Aufzucht als Kopf 25 cm	25–30
Puffbohnen	5–10	30
Radicchio	25	25
Radieschen	5	15
Rettich	alle 10 cm 1–2 Körner, auf 15–20 cm vereinzeln	25
Romanasalat	25	30
Rosenkohl	40	50
Rote Bete	10–15	25
Rote Melde	3–5	20
Rotkohl	40	40
Rucola	reihig säen	15
Schalotten (Steckgut)	10–15	20
Schwarzwurzeln	alle 5–10 cm 1–2 Körner, später auf 15–20 cm vereinzeln	30
Schnittknoblauch	reihig dünn säen	30
Schnittlauch	reihig säen	20
Schnittsellerie	reihig dünn säen	20
Sommerportulak	reihig dünn säen	30
Spinat	3–5	20
Stangenbohnen	Abstand der Bohnenstangen 40–50 cm. Rund um eine Stange 6–8 Bohnen legen	50–60
Stangensellerie	30	30
Steckzwiebel	10–15	20
Tomaten, Tomatillo	50	60

GEMÜSEART	PFLANZABSTAND IN CM	
	IN DER REIHE	ZWISCHEN DEN REIHEN
Weißkohl	40	40
Winterheckenzwiebel	reihig dünn säen, auf 10–15 cm vereinzeln	25–30
Winterkresse	reihig dünn säen, vereinzeln auf 10 cm	20
Winterportulak	reihig säen	15
Wirsingkohl	40	40
Wurzelpetersilie	reihig dünn säen, auf 5–8 cm vereinzeln	20
Zuckerhut	30	30
Zucchini	100	100
Zwiebel (Samen)	reihig dünn säen, auf 10–15 cm vereinzeln	20

Die Mischung macht's – wie sich Gemüse gegenseitig fördert

Das Zusammensetzen verschiedener Gemüsearten nach bestimmten Regeln verleiht deinen Beeten nicht nur das typische Bauerngarten-Flair, sondern hat auch handfeste Vorteile.

The more, the merrier: Die bunte Mischung im Garten sieht schön aus und bringt viele Vorteile.

Unterschiedliche Essgewohnheiten

Pflanzen brauchen zum gesunden Gedeihen neben Sonnenlicht, Wasser und CO_2 verschiedene Nährstoffe. Die benötigte Zusammensetzung dieser Mineralstoffe hängt vom jeweiligen Gemüse ab. Bei einer Kombination aus Stark-, Mittel- und Schwachzehrern (Seite 97) werden die im Boden verfügbaren Nährstoffe unterschiedlich ausgeschöpft. Pflanzen mit hohem Nährstoffbedarf (z. B. Tomaten) schützen so Gemüse mit geringerem Nährstoffbedarf (z. B. Salat) vor Überdüngung, indem sie üppig vorhandenen Stickstoff etc. entziehen. Das ermöglicht dir, in einem frisch aufgesetzten Hoch- oder Hügelbeet sogar Salat und Spinat anzubauen – ohne Angst vor zu viel Nitrat im Gemüse.

Auch eine tolle Mischkultur: Tomaten brauchen viel Stickstoff, Bohnen binden diesen aus der Luft.

Einmal tief, einmal flach

Lauch verankert sich mit seinen Wurzeln in den obersten 10–20 cm des Bodens, Pastinaken hingegen strecken sich schon mal 50 cm und mehr in die Tiefe. Nebeneinander gesetzt, nutzen sie unterschiedliche Regionen im Boden für ihre Nährstoff- und Wasseraufnahme. Sie kommen sich nicht in die Quere und mehr noch: Die eine Pflanze erschließt für die andere die Futterquellen, indem sie den Boden lockert. Später gesetzte Pflanzen nutzen Wurzelröhren und Hohlräume, um selbst rascher in die Tiefe zu wachsen.

So tief wachsen die Wurzeln:

WURZELTIEFE IN CM	GEMÜSEART
0–30	Feldsalat, Fenchel, Hirschhornwegerich, Knoblauch, Knollensellerie, Kresse, Lauch, Mais, Radieschen, Rote Melde, Rucola, alle Salate, Schalotten, Sommerportulak, Spinat, Stangensellerie, Winterheckenzwiebel, Winterkresse, Winterportulak, Zwiebel
30–60	Asia-Gemüse, Blumenkohl, Brokkoli, Buschbohnen, Chili, Chinakohl, Erbsen, Grünkohl, Karotten, Kohlrabi, Kohlrübe, Mairübe, Mangold, Paprika und Pfefferoni, Puffbohnen, Rettich, Rosenkohl, Rote Bete, Rotkohl, Stangenbohnen, Weißkohl, Wirsingkohl, Zucchini
60–100	Andenbeere, Aubergine, Gurke, Kürbis, Melone, Pastinake, Schwarzwurzel, Tomate, Tomatillo, Wurzelpetersilie

Paprika und Lauch wurzeln unterschiedlich tief und nutzen damit verschiedene Bereiche im Boden.

Blütenmix für Bienen & Co.

Je bunter es blüht, desto mehr Bienen und nützliche Insekten lockst du an. Setze zum Beispiel Basilikum neben Gurken. Basilikum ist ein richtiger Magnet für Bienen und Hummeln, die ganz nebenbei die Gurken befruchten und so für mehr Früchte sorgen.

Lieblingspflanze von Bienen und Co.: Basilikum.

Verwirrt noch mal – wo geht's lang?

Schadinsekten orientieren sich oft am Geruch ihres Lieblingsfutters. Je einseitiger ein Beet bepflanzt ist, desto sicherer finden sie ihren Futterplatz. Verschiedene Gemüsearten in einem Beet verströmen hingegen ein Duftgemisch, das den Schädlingen die Nahrungssuche deutlich erschwert.

Die allerherzlichste Einladung für Kohlweißlinge: der Kohlacker.

Liebstöckel mag keine Pflanzen-WGs.

Mischkultur: How to

» Kombiniere Gemüsearten, die sich gut miteinander vertragen. Welche das sind, findest du in der Aufstellung in der folgenden Tabelle.

» Vermeide das Zusammensetzen von Gemüse aus derselben Pflanzenfamilie, denn alle an einem Platz locken besonders viele Schädlinge und Krankheiten an.

» Tomaten und Auberginen bleiben gern am selben Platz.

» Liebstöckel und Wermut stehen lieber allein.

» Kresse und Petersilie bringen Salat zum Schossen.

Das geht zusammen: Mischkultur im Erntebeet

GEMÜSEART	GUTE PARTNER	SCHLECHTE PARTNER
Andenbeere und Aubergine	wie Tomate	wie Tomate
Asia-Gemüse	Spinat, alle Salate, Rote Bete, Mangold, Karotten	Senf, Brokkoli, Kohl, Kohlsprossen
Busch- und Stangenbohnen, Puffbohnen	Gurken, alle Kohlgewächse, alle Salate, Rote Bete, Mangold, Sellerie, Tomaten, Paprika, Bohnenkraut	Lauch, Zwiebeln, Fenchel, Erbsen
Chinakohl	Spinat, Rote Bete, Mangold, alle Salate, Karotten, Sellerie, Pastinaken, Erbsen, Gurken, Bohnen	Lauch, Schalotten
Erbsen	Kohlgewächse, Karotten, Radieschen, Salate, Dill, Fenchel, Sellerie, Gurken, Mais, Ringelblumen	Zwiebeln und Lauch, Bohnen, Paprika, Tomaten
Feldsalat	Asia-Salate, Erdbeeren, Kohlrabi, Radieschen, Salate, Zwiebeln	
Fenchel	Salate, Erbsen, Gurken, Basilikum	Bohnen, Tomaten, Paprika

GEMÜSEART	GUTE PARTNER	SCHLECHTE PARTNER
Gurke	Karotten, Sellerie, Bohnen, Erbsen, Basilikum, Borretsch, Kapuzinerkresse, Dill, Lauch, Zwiebeln	Zucchini, Kürbis, Melone
Hirschhornwegerich	Salate, Feldsalat, Lauch, Schalotten, Winterheckenzwiebeln, alle Kohlgewächse, Karotten	
Karotten	Dill, Bohnen, Erbsen, Zwiebeln und Lauch, Salate, Tomaten, Paprika, Gurke, Melone, Zucchini, Kresse, Mangold, Spinat	Pastinake, Pfefferminze
Kohlgewächse: **Blumenkohl, Brokkoli, Grünkohl, Kohlrübe, Mairübe, Rosenkohl, Rotkohl, Weißkohl, Wirsingkohl**	Bohnen, Erbsen, Tomaten, Paprika, Salate, Karotten, Sellerie, Mangold, Rote Bete, Lauch	andere Kohlgewächse, Zwiebeln, Schalotten
Kohlrabi	Bohnen, Erbsen, Lauch, Tomaten, Paprika, Salate, Sellerie, Karotten, Erdbeeren, Spinat, Ringelblumen	Fenchel, Zwiebeln
Kresse, Winterkresse	Radieschen, Rettich, Erdbeeren, Karotten, Spinat, Mangold, Tomaten	Salate, Senf
Kürbisgewächse: **Kürbis, Melone, Zucchini**	Bohnen, Erbsen, Mais, Basilikum, Salate, Borretsch, Kapuzinerkresse, Karotten, Sellerie	andere Kürbisgewächse
Lauch	Gurke, Karotten, Petersilie, Salate, Tomaten, Paprika, Spinat	Bohnen, Rote Bete
Mais	Bohnen, Erbsen, alle Salate, Tomaten, Paprika, Gurken, Melonen, Zucchini, Rucola	Rote Bete, Sellerie
Mangold	Bohnen, Erbsen, alle Kohlgewächse, Gurken, Zucchini, Karotten, Sellerie, Dill, Salate	Rote Bete, Spinat, Tomate, Paprika
Melone	siehe Kürbisgewächse	
Paprika, Chili, Pfefferoni	Kohlgewächse, Bohnen, Petersilie, Ringelblumen, Salate, Karotten, Zwiebeln, Lauch	Erbsen, Sellerie, Fenchel, Melanzani
Pastinaken	Bohnen, Erbsen, Lauch, Schalotten, Winterheckenzwiebeln, alle Salate, Mangold, Spinat, Kohlgewächse, Nachtschattengewächse, Gurken	Rote Bete, Karotten, Petersilie

GEMÜSEART	GUTE PARTNER	SCHLECHTE PARTNER
Petersilie, Wurzelpetersilie	Karotten, Radieschen, Kohlgewächse, Tomaten, Paprika, Schnittlauch	Salate
Radieschen, Rettich	Bohnen, Erbsen, Karotten, Salate, Tomaten, Paprika	Senf, Zucchini
Rote Bete	Bohnen, Erbsen, Kohlgewächse, Gurke, Melone, Zucchini, Karotten, Dill, Salate	Mangold, Spinat, Tomate, Paprika
Rote Melde	wie Spinat	wie Spinat
Rucola	Salate, Sellerie, Tomaten, Paprika, Auberginen	andere Kohlgewächse
Korbblütler: **Eissalat, Endiviensalat, Kopfsalat, Pflücksalat, Radicchio, Romanasalat, Zuckerhut**	Kohlgewächse, Bohnen, Erbsen, Erdbeeren, Karotten, Radieschen, Zwiebeln und Lauch, Spinat, Mangold, Paprika, Tomaten, Mais	Petersilie, Kresse
Schnittlauch, Schnittknoblauch	Dill, Petersilie, Gurken, Karotten, Sellerie, Salate, Erdbeeren, Tomaten, Paprika, Feldsalat, Spinat, Mangold, Ringelblumen	Bohnen, Erbsen, Rote Bete
Knollensellerie, Schnittsellerie, Stangensellerie	Bohnen, Erbsen, Gurken, Melone, Zucchini, Kohlgewächse, Lauch, Tomaten, Spinat, Mangold, Rote Bete	Salate, Mais
Schwarzwurzeln	Alle Kohlgewächse, Kohlrabi, Lauch, alle Salate, Spinat	Petersilie, Pastinaken
Spinat	Erbsen, Bohnen, alle Kohlgewächse, Radieschen, Erdbeeren, Tomaten, Paprika, Salate, Karotten, Sellerie, Lauch, Zwiebeln	Mangold, Rote Bete
Tomaten, Tomatillos, Andenbeere	Bohnen, alle Kohlgewächse, Karotten, Petersilie, Salate, Sellerie, Lauch, Zwiebeln, Ringelblumen, Basilikum, Mais	Fenchel, Rote Bete, Melanzani, Kartoffeln
Sommer- und Winterportulak	Erdbeeren, Salate, Asia-Salate, Radieschen, alle Kohlgewächse	
Zucchini	siehe Kürbisgewächse	
Zwiebelgewächse: **Knoblauch, Schalotten, Winterheckenzwiebeln, Zwiebeln**	Dill, Gurke, Melone, Zucchini, Petersilie, Salate, Tomaten, Paprika, Feldsalat, Erdbeeren, Spinat, Mangold	Bohnen, Rote Bete

Immer mit dabei: Kräuter

Kräuter spielen in der Mischkultur eine besondere Rolle. Sie haben viele positive Wirkungen auf ihre Nachbarpflanzen, indem sie deren Aroma verbessern, ihre Keimung fördern oder Schädlinge vertreiben.

Folgende Kräuter sollten immer wieder mal zwischen deinen Gemüsepflanzen Platz finden:

Kapuzinerkresse unter Obstbäumen hält Blattläuse fern.

KRAUT	NACHBARPFLANZE	WIRKUNG
Basilikum	Gurke, Zucchini, Tomate, Paprika	lockt Bienen und Hummeln an, beugt Mehltau vor
Bohnenkraut	Busch- und Stangenbohnen	vergrämt die schwarze Bohnenblattlaus
Borretsch	jedes Gemüse	lockt Bienen und Hummeln an, wird von Schnecken gemieden
Dill	Gurke, Rote Bete, Karotten	fördert die Keimung
Kapuzinerkresse	Erbsen, Gurken, Zucchini	lockt Nützlinge, zieht Blattläuse an und hält sie damit vom Gemüse fern
Kerbel	Salat, Endivie, Kohlrabi	vertreibt Ameisen und Blattläuse
Knoblauch	Erdbeeren, Salate, Karotten, Pastinaken, Tomaten, Paprika	vertreibt Blattläuse, wehrt Pilze ab
Kümmel	Kartoffeln, Bohnen, Spinat, Rote Bete	verbessert das Aroma
Ringelblume	Kartoffeln, Tomaten, allgemeines Beet	vertreibt schädliche Nematoden im Boden, lockt Bienen und Hummeln an
Salbei	Kohlpflanzen	wehrt Kohlweißling ab, wird von Schnecken gemieden
Schnittlauch	Karotten	wehrt Möhrenfliege ab
Tagetes	Kartoffeln, Tomaten, Petersilie	vertreibt schädliche Nematoden im Boden

Salbei verwirrt den Kohlweißling.

Borretsch lockt Bienen und Hummeln an.

Schnittknoblauch wirkt wie Knoblauch gegen Pilzkrankheiten.

GEWÄCHSHAUS: HIGHLIGHT FÜR RUND-UMS-JAHR-GÄRTNER*INNEN

Im Gewächshaus lässt es sich angenehmer gärtnern und früher mit dem Vorziehen starten. Da Jungpflanzen rundum Licht bekommen, wachsen sie kompakt und stabil. Empfindliche Sommerkulturen wie Tomaten, Paprika, Melonen, Andenbeeren oder Chilis profitieren vom warmen, vor Regen geschützten Klima. Und Wintergemüse wächst im Gewächshaus üppiger und gesünder.

OFFENER ODER BEFESTIGTER BODEN?

Auf offenem Boden gärtnerst du im Gewächshaus wie in einem normalen Gemüsebeet, d.h. du setzt deine Pflanzen direkt in die Erde. Pflege den Boden wie im restlichen Garten, also mit Kompost, Fruchtfolge und biologischem Dünger.

Kuschelig warm wird's für Pflanzen und Gärtner*innen in einem Gewächshaus. Grund dafür ist der sogenannte Glashaus-Effekt: Sonnenstrahlen dringen durch die geschlossenen Glasflächen ein und erwärmen Boden, Pflanzen und im Gewächshaus befindliche Gegenstände. Von dort steigt die Wärme auf, kann aber durch Wände und Dach – abhängig von deren Material und Dicke – nur geringfügig entweichen. So erwärmt sich die Raumluft, die auch nachts wenig abkühlt.

Das Gemüse im Glashaus wächst direkt in der Erde.

Ist der Boden befestigt, eignet sich dein Gewächshaus für das Vorziehen von Jungpflanzen und den Anbau in Kübeln und Töpfen. Die Reinigung von Tischen und Boden ist einfach, mühsam ist hingegen das Tauschen und Nachfüllen der Erde.

Idealerweise kombinierst du in deinem Gewächshaus eine befestigte Fläche mit offenen Erdbeeten. Das verschafft dir zusätzlich Platz für kleine Kästen oder Schränke zum Verstauen von Töpfen, Handwerkzeug und Samen.

PRAKTISCH FÜR DICH, FÖRDERND FÜR DIE PFLANZEN: DIE AUS-STATTUNG DEINES GEWÄCHSHAUSES

Tische, Regale, Etagenbeete

Auf Pflanztischen und Regalen ist das Anbauen und Vorziehen besonders bequem. Flexibel sind mobile Tische auf Rollen, sie schiebst du einfach immer dorthin, wo gerade Platz ist. Ausklappbare Regale sind vor allem in Glashäusern mit Bodenbeeten praktisch. Sie vergrößern deine Anbaufläche und bieten Platz für Jungpflanzen. Werden die Pflanzen am Boden im Sommer groß, klappst du die Regale einfach weg. Noch mehr Platz verschaffst du dir mit Etagenbeeten, selbst gebaut oder als Teil der vom Anbieter erworbenen Ausstattung.

Hochbeete

Ein Hochbeet im Glashaus vereint alle Vorteile: bequem zu bearbeiten, Anbau in offener Erde, Wärme von unten, ertragreiche Befüllung sowie leichte Pflege und Reinigung.

Ösen und Stangen an der Decke

Gurken, Melonen, Kürbisse streben nach oben und brauchen dazu Ranknetze oder -gitter, an denen sie sich festhalten können. Binde Tomaten- und Paprikapflanzen an Schnüren auf, damit sie nicht durch das Gewicht ihrer Früchte umknicken. Befestige die Rankhilfen und Schnüre an Halterungen wie Ösen, Haken oder Stangen an der Decke. Alternativ ist dort auch Platz für Pflanzenampeln, damit dir Erdbeeren, Kräuter und Co. direkt in den Mund wachsen.

Wasseranschluss

Plane bei der Gewächshaus-Anlage eine direkte Wasserzuleitung ein. Einerseits brauchen deine Pflanzen durch die höheren Temperaturen mehr Wasser, andererseits fällt die „natürliche" Bewässerung durch Regen aus.

Lüftung

Lüfte dein Gewächshaus regelmäßig, um Überhitzung oder eine zu hohe Luftfeuchtigkeit zu vermeiden. Du solltest 20 Prozent der Glasflächen öffnen können. Das sind Türen und Fenster an der Seitenwand oder am Dach des Glashauses. Ein automatischer Fensteröffner reagiert auf steigende Innentemperaturen und schiebt die Fenster mithilfe eines Kolbens nach oben.

> Tipp:
> Am besten klappt das Lüften mit zwei gegenüberliegenden Türen, die du zeitgleich aufmachst.

Beschattung

Verbrennungen an Pflanzen entstehen durch direkte Sonnenstrahlen, die durch die Glasscheiben verstärkt werden. Abhilfe schaffst du mit Rollos, Vorhängen oder Beschattungstüchern.

Schnüre geben der Tomatenpflanze Halt.

Schaut nicht nur gemütlich aus, hat auch Sinn: Beschattungstücher und Vorhänge schützen dein Gemüse vor Überhitzung und Verbrennungen.

LIEBLINGSPLATZ ERNTEBEET: SCHAFFE WOHLFÜHLBEETE FÜR DEINE PFLANZEN

Sonne, Luft, liebevolle Zuwendung und noch etwas mehr benötigen deine Gemüsepflanzen, damit sie von Frühjahr bis Winter wachsen und gedeihen. Wie du sie unterstützt, pflegst, förderst und schützt, steht auf den nächsten Seiten.

MAGISCHE DÜNGERFABRIK: KOMPOST

Garten- und Küchenabfälle verwandeln sich durch verschiedene Ab- und Umbauprozesse in einen wertvollen, nährstoffreichen Stoff – den Kompost.

Kompost ist krümelig, riecht nach frischem Waldboden und besteht aus stabilen Ton-Humus-Komplexen, aufgebaut von Kompostwürmern. Im Garten hat Kompost viele positive Wirkungen. Er macht schwere Böden leichter und sandige Böden griffiger. Er liefert und stabilisiert Nährstoffe, lässt Pflanzenwurzeln besser wachsen und speichert Wasser. Wenn du deine Beete regelmäßig mit Kompost versorgst, wächst das Gemüse besser und gesünder. Ganz nebenbei ist die Kompostierung eine tolle Möglichkeit, Pflanzenreste und Küchenabfälle sinnvoll zu entsorgen.

Ein Kompost sollte also in deinem Garten oder in Mini-Format sogar auf deinem Balkon Platz finden.

Nicht zu kalt, nicht zu heiß – lichter Schatten ist ideal für den Kompost.

Standort

Suche für deinen Kompost einen schattigen bis halbschattigen, windgeschützten Platz. Gut geeignet sind Flächen neben einer Hecke oder unter Bäumen und Sträuchern. Gelegentliche Sonnenstrahlen erwärmen den Kompost und halten die Verrottung in Schwung.

Kompost-Gestaltung

Wie du deinen Kompost aufsetzt, hängt neben deinem persönlichen Geschmack auch von der Größe deines Gartens ab. Denn je größer die Fläche ist, desto mehr Platz gibt es für den Kompost. Gleichzeitig fällt in einem großen Garten natürlich mehr Pflanzen-Material an als in einem kleinen. Folgende Kompostformen gibt es:

Kompost in Mieten

Eine Kompostmiete ist ein länglicher, etwa 130–150 cm breiter Hügel, auf den du das Material trapezförmig aufschichtest. Die Länge ist beliebig, die Höhe sollte 150 cm nicht überschreiten. Lege dir je nach Gartengröße ein, zwei oder sogar drei Kompostmieten zeitlich versetzt an. So ist ein Kompost frisch aufgesetzt, der zweite mitten im Verrottungsprozess und der dritte fertig zum Entnehmen.

Ein einfacher Rahmen aus Ziegeln tut's auch.

Tipp:
Steine oder Platten rund um die Kompostmieten verhindern, dass du an nassen Tagen im Schlamm versinkst.

Praktisch ist auch ein Platz, an dem du anfallendes Material sammelst. Dieses verwendest du, sobald du eine Kompostmiete aufsetzt.

Kompostmieten passen in einen großen Garten. Plane für den Kompostplatz ca. 10–12 m² Fläche ein.

Kompost in Behältern

Eine Kompost-Umrahmung sieht ordentlich aus und passt gut in kleinere Gärten mit wenig Platz. Einen Komposter kannst du kaufen oder selbst bauen. Fertige Modelle sind meist aus Holz, Metall(-gitter) oder Kunststoff, beim Selbstbau stehen dir noch viel mehr Materialien zur Verfügung: Ziegelsteine, geflochtene Äste, Baumstammabschnitte, Paletten, alte Fässer, Reste eines Gartenzauns u. v. m.

Tipp:
Achte darauf, dass sich der Behälter auf einer Seite öffnen lässt, damit du den fertigen Kompost einfach entnehmen kannst.

Zwei kleine Komposter sind besser als ein großer. Während in einem die Kompostierung stattfindet, befüllst du den anderen mit anfallendem Material.

Sieht ordentlich aus und passt in jede Ecke: ein Doppelkomposter aus Lärchenholz.

Platzsparend und günstig ist dieser Gitter-Komposter aus Metall.

91

Kompostbehälter gibt es sogar für den Balkon, entweder als Einsatz in Hochbeete und Tröge oder als geschlossenes System, in dem Kompostwürmer deine Küchenabfälle verwerten.

Mithilfe einer Wurmkiste kannst du auch direkt im Hochbeet kompostieren.

Flächenkompostierung

Wenn du deine Beete trotz knappem Platz mit Kompost verbessern willst, dann kompostiere einfach direkt auf ihnen. Wähle ein Beet, das du für einige Monate nicht bepflanzt, z. B. von Spätsommer bis Winterende. Schichte auf das Beet verschiedene Garten- und Küchenabfälle wie Laub, Grasschnitt, Staudenreste, kleingeschnittene Zweige, ungesalzene Gemüsereste aus der Küche usw. Bedecke die ca. 20–30 cm hohe Schicht mit etwas Erde oder Stroh. Das Material verrottet und es entsteht fruchtbarer Kompost direkt auf deinem Beet.

Eine andere Variante ist die Kompostierung in Pflanzgruben. Hebe eine Grube aus und fülle sie nach und nach mit Gartenresten, bis sie voll ist. Nach einiger Zeit ist die fruchtbare Grube bereit für die Pflanzung von Bäumen oder Sträuchern.

Eine abschüssige Fläche im Garten wird mit Hilfe der Kompostierung zu einem neuen Pflanzbeet.

Das darf auf den Kompost – und das nicht

Aus vielen Stoffen wird wunderbarer Kompost, andere wiederum schaden entweder dem Kompost selbst (versauert durch zu viele Nadeln), den Bodentieren (gesalzene Speisereste töten Regenwürmer) oder der Gemüsequalität (Spritzmittelrückstände).

DAS DARF AUF DEN KOMPOST	DAS DARF NICHT AUF DEN KOMPOST
Äste und Zweige, zerkleinerte Baumstämme von Laubbäumen und Sträuchern	Nadeln, Stämme von Nadelbäumen in großen Mengen, Reste von „gespritzten" Bäumen und Sträuchern
samenfreies Beikraut	samentragendes Beikraut, Wurzelbeikraut (z. B. Quecke, Ackerwinde)
gesunde Pflanzenreste aus dem Garten, z. B. Staudenschnitt, weggeputzte Teile von Gemüsepflanzen	kranke Pflanzenreste, z. B. Zucchiniblätter mit Mehltau, Tomatenpflanzen mit Braunfäule
Laub von Bäumen und Sträuchern	Walnusslaub, Eichenlaub
Rasenschnitt, Heu, Stroh und Schnitt von Ziergräsern (z. B. Miscanthus)	große Mengen Sägespäne, große Mengen Holzasche
ungesalzene, ungekochte pflanzliche Speisereste (z. B.: Außenblätter von Salat), Eierschalen	gesalzene und gekochte Speisereste von Gemüse, fast alle tierischen Speisereste, also: Fisch, Fleisch, Knochen, Milchprodukte
Obst- und Gemüseschalen	gespritzte Schalen von Obst und Gemüse, v. a. von Zitrusfrüchten und Bananen
Teereste, Teebeutel, Kaffeesatz	Kaffee aus Kapseln, hier sind Reste von Aluminium enthalten
Tiermist von gesunden Pferden, Kühen, Hühnern	Tiermist von mit Antibiotika behandelten Stalltieren, Fäkalien von Katzen, Hunden und anderen Haustieren, Katzenstreu

In 5 Schritten zum fertigen Kompost

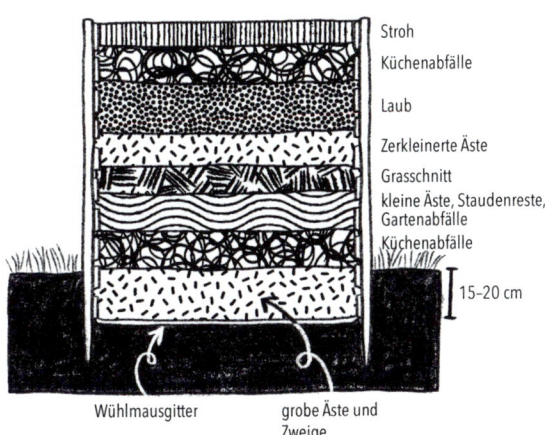

Stroh
Küchenabfälle
Laub
Zerkleinerte Äste
Grasschnitt
kleine Äste, Staudenreste, Gartenabfälle
Küchenabfälle
15–20 cm

Wühlmausgitter · grobe Äste und Zweige

Schritt 1
Hebe vor Anlage der Kompost-Miete oder Aufbau des Kompost-Behälters eine 15–20 cm tiefe Grube aus. Lege die Erde auf die Seite, du kannst sie später verwenden.

Schritt 2
Lege ein Wühlmausgitter in die Grube. So verhinderst du das Einwandern der lästigen Nager und anderer Säugetiere, die im Kompost Unterschlupf suchen.

Schritt 3
Fülle die Grube mit Zweigen und Ästen, damit genug Luft zum Kompost gelangt.

Schritt 4

Staple verschiedene Pflanzenreste, zerkleinerte Zweige, Gras, Laub, Küchenreste und anderes Material übereinander. Achte darauf, dass sich grobes und feines Material abwechselt und feuchte Schichten nie mehr als 8–10 cm stark sind. Sonst entstehen Nässeinseln und der Kompost verfault. Mische feineres Material mit der zur Seite gelegten Erde, trockenem Gras oder Urgesteinsmehl. Dieses saugt Feuchtigkeit auf und reichert den Kompost mit Spurenelementen an. Falls du welchen hast, füge etwas Kompost (von einem vorherigen Durchgang) dazu. Er „impft" den neuen Kompost mit wichtigen Mikroorganismen und beschleunigt die Rotte.

Schritt 5

Bedecke den Kompost mit einer Schicht aus Stroh oder Erde. Fertig!

Nach kurzer Zeit wird es im Kompost warm, die Rotte beginnt. Im Verlauf von 6–9 Monaten zerlegen, fressen und verdauen Mikroorganismen, Pilze, Käfer, Asseln, Springschwänze und schließlich Kompostwürmer das Ausgangsmaterial und bauen den fertigen Kompost auf.

So wendest du Kompost richtig an

Verteile jährlich etwa 5–7 Liter Kompost je m² Gemüsebeet. Sei bei Starkzehrern wie Tomaten, Mais oder Zucchini ruhig großzügiger, hier schadet auch eine zweite Gabe im Jahr nicht. Sträucher und Bäume freuen sich über 2–3 Schaufeln Kompost, je nach Größe der Pflanze. Reche Kompost nur oberflächlich ein, damit er noch in der sauerstoffreichen Zone bleibt und seine Wirkung voll entfaltet.

EINE DECKE FÜR DEINE BEETE: MULCHEN

Beim Setzen der kleinen Jungpflanzen hältst du dich akkurat an die empfohlenen Pflanzabstände, dazwischen ist: nichts! Außer nackter Erde. Das öffnet so manchem Ungemach die Tür: Beikraut besiedelt die freie Fläche, Regen verschlämmt den Boden und an trockenen Tagen bläst der Wind kleine Humuskrümel davon.

Für dich bedeutet das mehr Arbeit (jäten), für den Boden den Verlust von Struktur und Humus. Doch es gibt eine einfache Abhilfe: Mulch.

Mulch ist ein natürliches (manchmal auch künstliches) Material, das du zum Abdecken des Bodens verwendest. Das Aufbringen und Verteilen des Materials heißt folglich mulchen.

Mulch: Das Plus im Gemüsegarten

+ Wasserspeicher: Unter einer dicken Mulchschicht ist der Boden auch an heißen Sommertagen vor Austrocknung geschützt.

+ Wetterbremse: Mulch bremst Wind, Regen und Gießwasser und verhindert die Erosion – so bleibt der Boden fruchtbar.

+ Wärmedecke: Mulch schirmt Wintergemüse und Boden vom Frost ab. Vor allem der Wurzelbereich deiner Winterpflanzen ist gut geschützt. Winter-Wurzelgemüse wie Karotten, Wurzelpetersilie oder Pastinaken kannst du leichter ernten.

+ Tierfreund: Regenwürmer und andere kleine Bodentierchen leiden immer mehr unter Wetterkapriolen wie Trockenheit und Starkregen. Die Bedeckung federt die Einflüsse von zu großer Hitze, Regengüssen und sogar Hagel ab. Mulch dient den Tierchen zudem als Nahrung. Regenwürmer verteilen und verdauen Mulch zu lockerem, nährstoffreichem Humus.

+ Pflanzendoktor: Im Boden sind zahlreiche Pilzsporen. An starken Regentagen werden die Sporen durch aufprallende Regentropfen in die Höhe geschleudert und infizieren Blätter, Blüten und Stängel. Besonders gefährlich ist dies für Tomaten, die von Sporen der Kraut- und Braunfäule befallen werden. Mulch schwächt den Regen ab, der langsamer versickert und die Sporen im Boden lässt.

+ Pflanzenfutter: Organischer Mulch, also Pflanzenmaterial, verrottet direkt am Beet. Es werden Nährstoffe frei, die deinen Gemüsepflanzen als Nahrung zur Verfügung stehen.

Mulch-Material fürs Gemüsebeet

Zum Mulchen eignen sich viele Materialien, direkt aus deinem Garten oder zugekauft.

Beim gekauften Mulch musst du etwas vorsichtig sein, denn je nach Art schadet er deinem Gemüse manchmal mehr, als er nutzt. Hier findest du die Dos und Don'ts zum Mulchen:

DOS	DON'TS
AUS NATUR UND GARTEN	
getrockneter Grasschnitt	nasses Gras: Schimmelgefahr
Beikrautreste: gejätetes Beikraut bleibt einfach im Beet	samentragendes Beikraut, Wurzelreste von Wurzelbeikräutern
Brennnessel, Beinwell, Kamille und andere Wildkräuter: angetrocknet und samenfrei, bringt viele wertvolle Nährstoffe und Spurenelemente ins Beet	samentragende Wildkräuter, Wildkräuter, die neben gespritzten Ackerflächen wachsen
getrocknetes Laub, z. B. von Obst- und Beerenpflanzen, Ziersträuchern	nasses Laub, Nussblätter, Eichenlaub, Nadeln von Nadelbäumen, Thujenreste
Tomatenblätter vom Ausgeizen: vertreiben mit ihrem Geruch zusätzlich Schädlinge	Tomatenblätter, die von Kraut- und Braunfäule befallen wurden
Erntereste von Gemüse, z. B. Stängel und Blätter von Erbsen und Bohnen reichern den Boden zusätzlich mit Stickstoff an	Kranke Gemüse- und Pflanzenreste, z. B. Blätter, die mit Mehltau befallen sind (Gurken, Zucchini usw.)
AUS DEM HANDEL ODER BAUERNLADEN	
Stroh vom Biobauernhof: ideal als Mulch unter Tomaten, Paprika, Zucchini, Kürbis, Gurken und fürs Erdbeerbeet	„gespritztes" Stroh von konventionellen Flächen
Miscanthus: Wird auch Elefantengras oder Chinaschilf genannt und ist ideal für den Obst- und Gemüsegarten. Er versauert den Boden nicht, ist also pH-neutral. Dazu macht er den Boden mit der Zeit humos und locker.	Rindenmulch: Er enthält Gerbstoffe, die das Wachstum von Pflanzen unterdrücken. Einerseits von Beikraut, andererseits auch von Gemüse. Zudem versauert er den Boden. Rindenmulch passt unter Thujen, Nadelgehölze oder als Wegebelag – aber nicht ins Gemüsebeet.
Hanfschäben: sind getrocknete und gehäckselte Stängel der Hanfpflanze und wirken ebenso pH-neutral und humusfördernd.	Holzdekor und Holzhäcksel aller Art: Sie wirken wie Rindenmulch, versauern also den Boden und unterdrücken den Pflanzenwuchs.
Mulchfolien: Schwarze Mulchfolien aus Kunststoff erwärmen schon früh im Jahr den Boden. Das Gemüse wird in vorgestanzte Löcher oder Schlitze gesetzt, dazwischen unterdrückt die Folie das Beikraut. Plastikfreie Alternativen sind Mulchmatten aus Schafwolle, Jute oder anderen pflanzlichen Ursprungs.	Kies, Lavamulch und Dekorsteine: Diese Materialien sind für unbepflanzte Flächen (Wege, Plätze) gedacht, im Gemüsebeet stören sie Luftaustausch, Bodenleben und Pflanzenentwicklung.

Lass gejätete Pflanzenreste zwischen den Gemüsepflanzen als Mulch liegen.

Miscanthus-Mulch passt unter Beerensträucher, ins Gemüsebeet und auf den Lieblings-Schlafplatz deiner Katze.

Laub wärmt dein Wintergemüse, z. B. Karotten.

So mulchst du richtig

Bedecke die Flächen zwischen den einzelnen Gemüsepflanzen zu Beginn mit einer dünnen Mulchschicht (ca. 1–2 cm). Erst wenn die Jungpflanzen größer und kräftiger sind, darf mehr Mulch aufs Beet. 4–6 cm Mulch sind ein guter Schutz für Pflanzen und Boden. Mulch passt übrigens auch unter Beeren- und Obstgehölze. Er hat dort dieselben positiven Effekte wie im Gemüsegarten.

Stroh ist ein ideales Mulchmaterial für Erdbeeren, aber auch für Tomaten.

FUTTER FÜR DEINE NUTZPFLANZEN: DÜNGEN

Pflanzen brauchen Nahrung, so wie wir Menschen und alle Tiere. Allerdings sind uns die Pflanzen einen Schritt voraus. Sie produzieren Kohlenhydrate, Proteine und Fette einfach selbst. Und dazu noch viele weitere Stoffe wie Enzyme, Vitamine oder sekundäre Pflanzeninhaltstoffe.

Ihre wichtigsten Nahrungsquellen sind Kohlendioxid aus der Luft und Wasser. Daraus bauen die Pflanzen mit Hilfe der Sonnenenergie Zucker. Den „Überschuss" geben sie als Sauerstoff an die Luft ab. Dieser Vorgang heißt – richtig! – Photosynthese.

Aus den Zuckermolekülen entstehen weitere Verbindungen wie Zellulose und Stärke. Überschüssige Stärke wird in Wurzeln, Knollen, Köpfen oder Früchten gelagert, also genau die Teile, die wir freudig nutzen.

Nährstoffe für gesundes Gemüse

Neben CO_2 und Wasser braucht dein Obst und Gemüse noch weitere Nährstoffe, die sie dem Boden über ihre Wurzeln entnehmen. Das sind die sogenannten Hauptnährstoffe wie Stickstoff, Phosphor, Kalium, Magnesium, Kalzium und Schwefel sowie Spurenelemente, z. B. Eisen, Mangan, Zink, Bor und Kupfer.

Jeder Nährstoff hat wichtige Funktionen für die Pflanzen, die bedeutendsten sind Stickstoff, Kalium und Phosphor.

Stickstoff ist für das rasche Wachsen von Blättern und Trieben zuständig. Bei Stickstoffmangel bleibt deine Pflanze klein, die Blätter werden gelb. Ein Überschuss an Stickstoff hemmt hingegen die Blüten- und Fruchtbildung.

Kalium reguliert die Wasseraufnahme und transportiert Zucker und Stärke. Fehlt Kalium, ist die Pflanze schwach und anfällig für Krankheiten. Den Mangel erkennst du am Rand welkenden Blättern.

Phosphor ist ein wichtiger Bestandteil der DNA und zuständig für Energieübertragung und Pflanzenatmung. Bedeutend ist Phosphor auch für die Blüten- und Fruchtbildung. Mangel macht sich durch kleine, rötliche Pflanzen bemerkbar. In den meisten Böden ist Phosphor jedoch ausreichend vorhanden.

Auch die anderen Nährstoffe haben wichtige Funktionen und sollten daher ausreichend zur Verfügung stehen.

Nicht jedes Gemüse braucht gleich viel Futter

Jede Gemüseart hat unterschiedliche Ansprüche sowohl an Art als auch an Menge der Nährstoffe. Zur besseren Orientierung wird das Gemüse in Starkzehrer, Mittelzehrer und Schwachzehrer eingeteilt.

Starkzehrer benötigen viele Nährstoffe, und das regelmäßig. Sie gedeihen entweder sehr gut auf frisch aufgesetzten Hügel- und Hochbeeten oder mit regelmäßiger, zusätzlicher Düngung am Bodenbeet und in Blumenkistchen, Töpfen und Trögen.

Mittelzehrer kommen mit weniger Nährstoffen zurecht, sie wachsen auf humosen, mit Kompost angereicherten Bodenbeeten oder auf 2–3 Jahre alten Hügel- und Hochbeeten. Eine einmalige Gabe mit einem Langzeitdünger füttert sie vom Anbau bis zur Ernte.

Schwachzehrer sind bescheiden und wachsen je nach Art auf normalen, humusreichen Flächen und sogar auf kargen Schotterböden (viele Kräuter).

Die Tabelle zeigt dir, welche Pflanzen zu den Stark-, Mittel- oder Schwachzehrern gehören.

STARKZEHRER	MITTELZEHRER	SCHWACHZEHRER
Kürbis, Zucchini, Gurken, Melonen	Mangold, Rote Bete, Spinat, Rote Melde	Mediterrane Kräuter
Tomaten, Auberginen, Paprika, Chili, Kartoffeln	Karotten, gelbe Möhren, Pastinaken, Schwarzwurzeln, Wurzelpetersilie	Buschbohnen, Stangenbohnen, Erbsen, Puffbohnen
Knollensellerie, Stangensellerie	Fenchel	Schnittsellerie, Petersilie
Brokkoli, Rosenkohl, Weiß- und Rotkohl, Grünkohl, Blumenkohl, Wirsingkohl	Asia-Gemüse, Rettich, Kohlrabi, Mairüben	Radieschen, Kresse, Rucola
Mais	Zwiebeln, Lauch, Knoblauch, Winter-heckenzwiebeln, Schalotten	Schnittlauch
	alle Salate	

Dünge gezielt und biologisch

Wenn du Gemüse erntest, entnimmst du dem Boden Nährstoffe. Damit auch deine nächsten Feldfrüchte genug Nahrung haben, musst du gezielt frische Nährstoffe auf die Beete bringen.

Achtung:
Besonders beim Gärtnern in Blumenkistchen, Töpfen und Trögen braucht dein Gemüse regelmäßig Dünger. Denn die Pflanzenwurzeln können sich – im Gegensatz zum Gartenbeet – nicht ausbreiten, um von weiter entfernt Nährstoffe zu sammeln.

Mineralische Dünger passen nicht in den Bio-Garten, denn sie verursachen zahlreiche Umweltprobleme wie Humusabbau, Belastung des Grundwassers, hohen Energieverbrauch bei der Produktion und Beeinträchtigung des Bodenlebens. Zudem werden deine Pflanzen faul und krankheitsanfällig, da sie die Nahrung fertig serviert bekommen und keinerlei Aufwand für Suche und Aufnahme betreiben müssen. Es gibt also bessere Möglichkeiten, dein Gemüse nachhaltig und ökologisch zu düngen.

Kompost

Er ist die wichtigste Nahrungsquelle für deinen Garten. Er ist reich an allen Haupt- und Spurennährstoffen in gut ausgewogenem Verhältnis. Mehr über die Kompostierung und die Anwendung von Kompost liest du auf Seite 90.

Die Kürbisse lieben ihren Platz direkt am Kompost.

Gründüngung

Baue Gründüngungspflanzen an, denn sie pflegen und düngen den Boden. Phacelia, Buchweizen, Bohnen und andere binden und erschließen Nährstoffe.

Bohnen, Erbsen und andere Hülsenfrüchtler fixieren durch eine Symbiose mit Bakterien den Stickstoff aus der Luft. Mehr Informationen dazu liest du im Kapitel über Gründüngung auf Seite 36.

Tiermist

Mist von Pferden oder Hühnern ist voll mit Nährstoffen und passt gut auf Gemüsebeete, auf denen Starkzehrer wachsen. Verwende abgelagerten Tiermist, der mit Stroh oder Einstreu vermischt ist. Frischer, purer Tiermist ist zu scharf, vor allem für junge Pflanzen.

Pferdemist steckt voller Nährstoffe.

Jauchen, Brühen und Tees

Ausgangsstoffe für düngende Jauchen & Co. sind Wildkräuter wie Brennnesseln, Beinwell und Schachtelhalm. Bei der Verjauchung oder dem Abkochen der Kräuter gehen neben Nährstoffen auch Enzyme, Vitamine und sekundäre Pflanzeninhaltsstoffe in den Dünge-Sud über, was sich positiv auf Bodenleben und Pflanzengesundheit auswirkt.

Wurmhumus

Du hast keinen Kompost? Kein Problem. Denn den wertvollsten Bestandteil von Kompost – den Regenwurmhumus – kannst du sogar kaufen. Die Regenwürmer fressen sich durch biologische Pflanzenreste und verdauen diese. Der Regenwurmkot ist eine wunderbare Nahrung für deine Pflanzen, denn er gibt die Nährstoffe nur nach dem Bedarf der Pflanze ab. Versorge Boden und Pflanzen im Frühling und Sommer mit Wurmhumus.

Dünger mit Schafwolle

Bei der Wollproduktion fallen nicht verwendbare Reste an. Was früher entsorgt wurde, hat sich als reichhaltiger Dünger entpuppt. Wie beim Wurmkompost sind die Nährstoffe organisch gebunden und werden nach Pflanzenbedarf abgegeben. Schafwolldünger sind Langzeitdünger, es reicht also, wenn du dein Gemüse 1–2-mal im Jahr damit düngst. Ein zusätzlicher Benefit: Schafwolle speichert Wasser und hält den Boden länger feucht.

Urgesteinsmehl

Gesteinsmehle sind zerriebene Steine. Ausgangsstoffe sind meist Basalt oder Diabas. Sie enthalten zahlreiche Spurenelemente und Silikate. Gesteinsmehle haben viele positive Eigenschaften: Sie verbessern die Bodenstruktur, speichern Wasser und helfen bei der Erschließung des im Boden vorhandenen Phosphors. Streue 1 × jährlich eine Handvoll Urgesteinsmehl pro Quadratmeter auf deine Beete.

Algenkalk

Auf Böden mit niedrigem pH-Wert wirkt Algenkalk Wunder. Er besteht aus gemahlenen Ablagerungen von Rotalgen und ist reich an Kalziumkarbonat, Magnesium, Kieselsäure und einigen Spurenelementen. Algenkalk bringt den pH-Wert von sauren Böden in einen neutralen Bereich, der ideal für unsere Gemüsepflanzen ist. Den pH-Wert kannst du übrigens mit einfachen Test-Sets messen. Algenkalk beugt durch seine neutralisierende Wirkung auch Krankheiten vor, allen voran die gefürchtete Kohlhernie.

Organische Flüssigdünger

Obst und Gemüse in Blumenkisten und Trögen brauchen von Frühling bis Sommer regelmäßige Düngung. Versorge deine Pflanzen daher alle 1–2 Wochen mit einer Gabe an biologischem Flüssigdünger. Organische Flüssigdünger bestehen meist aus Pflanzenextrakten oder Resten aus pflanzlicher Verwertung, wie z. B. aus Kartoffelrestfruchtwasser. Dieses ist ein Nebenprodukt der Stärkeproduktion, das reich an Nährstoffen ist. Im Gegensatz zu mineralischen Flüssigdüngern liegen die Nährstoffe in gebundener Form vor, dein Gemüse muss sich also auch im Balkonkistchen aktiv auf Nahrungssuche begeben und bleibt so kräftig und gesund.

Biete deinem Obst und Gemüse ein buntes Angebot an verschiedenen Düngern. So ist es rundum gut versorgt und wächst üppig und gesund.

TSCHAU KRANKHEITEN UND SCHÄDLINGE

Plötzlich kommen sie in Scharen: Ratzfatz ist dein Obst und Gemüse angeknabbert, angestochen oder weggeputzt. Die Übeltäter sind Schnecken, Blattläuse, Raupen, Milben und andere Tierchen. Mindestens genauso gefährlich für deine Pflanzen sind durch Pilze verursachte Krankheiten.

Damit es gar nicht so weit kommt, gilt für die Pflanzen dasselbe wie für uns Menschen: Vorbeugung ist die beste Medizin.

Lass deine Pflanzen einen Bogen um Schädlinge machen

Baue Gemüsearten und ihre nahen Verwandten Jahr für Jahr auf anderen Beeten im Garten an. Auf bestimmte Gemüsearten spezialisierte Krankheiten und Schädlinge im Boden hungerst du regelrecht aus, denn sie warten an Ort und Stelle auf ihre Wirtspflanzen. Erst nach einigen Jahren darf eine Gemüseart wieder auf das ursprüngliche Beet zurück, in der Zwischenzeit gedeihen immer andere Pflanzen darauf. Diesen ständigen Wechsel verschiedener Gemüsearten auf einem Beet nennt man Fruchtfolge.

Regennasses Wetter ist ein Risikofaktor für die Entstehung von Pilzerkrankungen. Besonders betroffen sind Tomaten durch die Kraut- und Braunfäule. Du schützt sie am besten unter einem Dach, damit sie nicht direkt von Regen getroffen werden können. Das kann ein Dachvorsprung (z. B. am Balkon), ein Tomatenhaus oder sogar ein Glashaus sein. Ein einfacher Schutz ist eine Tomatenhaube. Das ist ein wasserundurchlässiges, transparentes Gewebe, das du der Tomatenpflanze einfach „aufsetzt".

Schaut unschön aus? Ist es auch! Kraut- und Braunfäule ist eine Pilzerkrankung der Tomate, die zum Ausfall der gesamten Ernte führen kann.

Dieses selbstgebaute Tomatendach schützt die Pflanzen vor Regen und damit vor der Kraut- und Braunfäule.

Zeige lästigen Tierchen ihre Schranken

Sperre Schädlinge vorsorglich aus, damit sie nicht zu deinen Pflanzen gelangen. Die gefräßigen Nacktschnecken kannst du beispielsweise relativ leicht am Einwandern ins Hochbeet hindern. Montiere idealerweise unter einem Handlauf einen Schneckenschutz aus Metall rund ums Hochbeet. Durch seinen Winkel (90–110 °) sind die Schnecken nicht in der Lage, ihn zu überwinden.

Richtig reinhauen: Dieser Schnecke schmeckt's ganz offensichtlich.

Ein guter Schutz für Töpfe oder Tröge ist ein Kupferband. Bei Berührung mit dem feuchten Schneckenfuß entwickelt sich eine elektrische Spannung, die das schleimige Kriechtier zum Umkehren zwingt.

Doppelt hält besser: Schneckenschutz und Kupferband halten Schnecken vom Hochbeet fern.

Auch für Gartenbeete gibt es Umrundungen gegen Schnecken. Wichtig: Vermeide Kletterhilfen wie Grashalme, kleine Zweige oder andere Pflanzen, die eine Brücke über den Schneckenzaun bilden.

Schnecken bitte draußen bleiben.

Nahezu alle Schadinsekten und Spinnentiere (z. B. Milben) wandern von außen zu deinen Gemüsepflanzen. Dort fangen sie direkt zu fressen an oder legen ihre Eier ab. Aus den Eiern schlüpfen Larven und Raupen, die an Ort und Stelle zu futtern beginnen.

Besonders betroffen sind Kohlgewächse. Von Frühling bis Herbst werden sie von ungebetenen Gästen besucht. Das sind Erdflöhe, Kohltriebrüssler, Rapsglanzkäfer, Kohlweißlinge und weniger spezialisierte Schädlinge wie die Weiße Fliege und Blattläuse. Abhilfe verschafft ein sehr feinmaschiges Insektenschutznetz. Decke damit bereits die jungen Pflanzen ab. Ein Alternative ist eine lichtdurchlässige, alte Gardine aus Omas Schatzkiste.

Von Erdfloh bis Kohlweißling: Das Insektennetz sperrt sie alle aus.

Verwende das Insektennetz auch zum Schutz anderer Gemüsearten, z. B. von Salaten oder Zwiebelgewächsen.

> **Achtung:**
> Fruchtgemüse wie Tomaten, Paprika, Zucchini oder Gurken darfst du nicht abdecken, sonst können Bienen und Co. die Blüten nicht bestäuben.

Fördere Gegenspieler

Viele Schädlinge stehen auf dem Speiseplan anderer Tiere. Deine Katze fängt Wühlmäuse, Igel und Eidechsen begeben sich auf die Suche nach Schneckeneiern, und Vögel jagen Raupen und andere Insekten. Neben diesen großen Nützlingen gibt es noch kleine, manchmal winzige Helferlein. Das sind Insekten, Spinnentiere und sogar Fadenwürmer. Mehr zu diesen Nützlingen liest du ab Seite 106.

Wo ist die Maus?

In einem bunten Bio-Garten kommen viele dieser Tiere ganz von allein vor und halten deine Schädlinge in Schach. Zusätzlich kannst du Nützlinge gezielt fördern und anlocken, indem du ihnen Lebensräume schaffst, mit bunt-blühenden Pflanzen und leckerem Nahrungsangebot.

Stärke die Widerstandskraft deiner Pflanzen

Fitte Pflanzen wehren Krankheiten und Schädlinge leichter ab als schwächelnde Gewächse. Ein guter Boden, ausreichende, aber nicht übermäßige Ernährung (siehe Kompost Seite 90 und Düngung Seite 36) und regelmäßige Bewässerung (Seite 114) sind schon fast die ganze Miete für gesunde Pflanzen. Zusätzlich stärkst du ihre Abwehrkräfte mit selbstgemachten Jauchen, Brühen und Tees.

Den Befall mit Pilzerkrankungen reduzierst du durch regelmäßige Behandlung mit Schachtelhalmbrühe oder verdünntem Schachtelhalm-Extrakt. Der hohe Gehalt an Kieselsäure stärkt das Pflanzengewebe und erschwert Pilzen das Eindringen in die Pflanzenzellen. Auch saugende Insekten wie Blattläuse und Spinnmilben plagen sich dann beim „Andocken" an Blätter und Stängel. Rezepte zu Jauchen, Brühen und Tees findest du auf Seite 104.

Trotzdem krank? Werde zum Pflanzendoc

Manchmal hilft auch die beste Vorsorge nichts und dein Obstbäumchen oder deine Gemüsepflanzen werden von Schädlingen überfallen. Oder durch Pilze geschwächt. Keine Bange, auch dann gibt es noch Abhilfe. Das kannst du machen:

Einsammeln, abklauben, wegwischen

Deine Hände heilen am besten. Befreie mit ihrer Hilfe deine Pflanzen von unliebsamen Nutznießern.

Bei Löchern und angeknabberten Ecken: locker bleiben und den Überblick behalten.

Sammle Raupen wie Kohlweißlinge von deinen Kohlpflanzen. Streife Blattläuse mit einem Tuch oder Handschuhen von den Blättern. Schnecken sammelst du abends in der Dämmerung – bewaffnet mit einem großen Kübel – und bringst sie zu einem weit von deinem Garten gelegenem Stück Erde (z. B. in den Wald oder auf ein Feld).

Sammle Kohlweißlingsraupen besser rechtzeitig ab, auch wenn sie eigentlich ganz wuschelig aussehen.

Untersuche deine Pflanzen auf Eigelege und entferne sie vorsorglich. Beachte allerdings, dass die Eier auch von Nützlingen stammen könnten. Du solltest also nur jene Eier entfernen, die du tatsächlich einem Schädling zuordnen kannst.

Erste Hilfe bietet oft ein direkter Wasserstrahl, er spült Läuse und andere Schädlinge weg.

Kohlweißlingseier sehen aus wie gelbe und gerillte Tönnchen.

Tipp:
Trage immer dünne Handschuhe, denn manche Insekten sondern als Eigenschutz brennende Substanzen ab und verursachen damit schmerzende Hautausschläge.

Lockmittel und Fallen

Leider kein Sex

Paarungswillige Männchen vom Pflaumenwickler oder Apfelwickler lassen sich leicht verwirren. Mit sogenannten Pheromonfallen trickst du sie aus. Pheromone sind die Lockstoffe der Wicklerdamen, mit denen sie die Männchen zur Paarung einladen. Genau diese Duftstoffe sind in Pheromonfallen nachgebildet – die Männchen fliegen in die Fallen und bleiben dort kleben. Da weniger Männchen zur Befruchtung überbleiben, freust du dich über unversehrte Früchte. Denn die Wickler sind der Wurm in Apfel oder Pflaume.

Farbverwirrung

Andere Fallen arbeiten statt mit Duftstoffen mit Farbe. Der Wurm in der Kirsche kommt von der Kirschfruchtfliege, schwarze, unbrauchbare Nüsse werden durch die Walnussfruchtfliege verursacht. Beide Fliegenarten fängst du mit großen, klebenden Gelbtafeln ein. Sie werden von der leuchtenden Farbe angelockt, da sie die Tafel mit reifenden Früchten verwechseln.

Kleinere Gelbsticker locken Trauermücken, Erdflöhe und die Weiße Fliege an.

Weiße Fliegen bleiben auf Gelbstickern kleben.

Klebefallen

Eine weitere Klebefalle ist der Leimring. Ausschlaggebend ist nicht seine Farbe, sondern seine Position. Wickle ihn im Herbst um deine Obstbäume, denn nun beginnt die Wanderzeit des flugunfähigen Frostspannerweibchens. Es möchte den Baumstamm entlang bis zur Krone klettern, um dort seine Eier abzulegen. Aus den Eiern schlüpfen Frostspannerraupen, die einen – auch größeren – Baum in kurzer Zeit kahlfressen. Mit dem Leimring hinderst du das Weibchen an seiner Wanderung nach oben und an der Eiablage.

Ameisen besiedeln Obstbäume, wenn sich dort viele Blattläuse aufhalten, und beschützen diese sogar vor Fraßfeinden wie Marienkäfer oder Florfliege. Denn Ameisen „melken" Blattläuse und verfüttern den klebrig-süßen Honigtau an ihre Brut. Mit einem Leimring unterbrichst du die Ameisenstraße und hältst die Blattlauskolonie mit Nützlingen in Schach.

Partners in crime: Ameisen beschützen Blattläuse vor Fressfeinden.

Tipp:
Gehe beim Einsatz von Klebefallen maßvoll vor, denn auch andere, nützliche Insekten fallen ihnen zum Opfer.

Jauche, Brühen und Tees zur direkten Abwehr

Auszüge aus Wild- und Küchenkräutern wirken nicht nur düngend und stärkend, sondern auch direkt gegen bestimmte Schädlinge und Pilzkrankheiten.

Beachte Folgendes, bevor du loslegst:
» Trage immer Handschuhe.
» Fülle die Extrakte nie in Getränkeflaschen und halte sie von Kindern fern.
» Verwende ausschließlich alte, ausrangierte Töpfe.
» Sammle Wildkräuter nur dort, wo sicher nicht chemisch gespritzt wurde.
» Stelle Jauchefässer in größtmöglicher Entfernung zu deinen Nachbar*innen auf.

Tipp:
Viele Kräuter bekommst du in getrocknetem Zustand in der Apotheke.

Vorbereitung und Anwendung

Das Wasser soll weich oder abgekocht sein. Zu hoher Kalkgehalt im Wasser verhindert die Extraktion der Pflanzeninhaltsstoffe. Verdünne je nach Substrat 1:5, 1:10 oder 1:20 (also 1 Teil Kräuter auf 5, 10 oder 20 Teile Wasser) und gieße oder besprühe vorsichtig Obst- und Gemüsepflanzen. Nimm immer eine Probespritzung an 1–2 Blättern vor und warte ca. 15–30 Minuten. Reagiert das Blatt (z. B. rollt es sich ein, wird braun …), war das Mittel zu stark. Verdünne es so lange, bis es von deinen Pflanzen gut vertragen wird.

Grundrezepte

Jauche

Gib 100–200 g Kräuter in ein Jauchefass und fülle es mit 10 Litern Wasser auf. Rühre mit einem Holzstab gut um und decke das Fass mit einem Gitter ab, damit keine Tiere hineinfallen können. Rühre ab nun täglich um.

Nach einigen Tagen beginnt die Jauche zu gären. Mit etwas Gesteinsmehl milderst du die Geruchsbelästigung.

Nach etwa 2 Wochen wird die Flüssigkeit klar, die Jauche ist fertig.

So wirkt die Jauche

» *Brennnesseln*: steigern die Abwehrkräfte. Guter, stickstoffhaltiger Dünger. Verdünnung 1:10, bei Jungpflanzen 1:20.

» *Beinwell:* stärkt und düngt die Pflanzen, fördert den Fruchtansatz bei Tomaten und Paprika. Verdünnung 1:10, bei Jungpflanzen 1:20.

» *Holunder:* vorbeugend gegen Kohlweißlinge, Verdünnung 1:5, vertreibt unverdünnt Wühlmäuse aus ihren Gängen.

» *Rainfarn:* unverdünnt gegen saugende Insekten. Achtung bei Rainfarn: Er ist giftig. Warte nach der Anwendung ungefähr 1 Woche bis zur nächsten Ernte und wasche die Früchte gut.

Ein echter Tausendsassa, dieser Holunder! Hier wirkt er gegen Kohlweißlinge und Wühlmäuse.

Brühe

Setze 100–150 g frisches Kraut mit 5 Litern Wasser in einem Topf an, rühre gut um und lasse das Gemisch ca. 24 Stunden stehen. Koche das Gebräu leicht köchelnd ½–1 Stunde. Wende die Brühe nach dem Abkühlen verdünnt an.

So wirkt die Brühe

» *Ackerschachtelhalm:* gegen Pilzerkrankungen wöchentlich 1:5 verdünnt auf Blätter sprühen

» *Rainfarn:* unverdünnt gegen Läuse, Milben und andere Insekten

Für Superpflanzen: Brennnesseln und Beinwell fördern die Pflanzengesundheit.

Achtung: Rainfarn ist auch für Menschen giftig.

Tee

Tees stellst du am schnellsten her. Zerkleinere 50–100 g Kraut, Blüten, Zwiebeln oder Zehen und überbrühe sie mit 1–2 Litern kochendem Wasser. Lasse alles 2–3 Stunden ziehen. Seihe den Tee ab, die Pflanzenreste kommen auf den Kompost. Verwende den vollständig abgekühlten Tee.

So wirkt der Tee

» *Knoblauch:* antibakteriell und keimhemmend. Er enthält Jod und schwefelhaltige Substanzen. Führt im Garten zu Geruchsverwirrung, bekämpft Pilze, Läuse und Milben direkt und unverdünnt. Verwende Zehen und Schalen.

» *Wermut:* unverdünnt gegen Raupen, Ameisen, Läuse, Milben und andere Insekten.

» *Zwiebel:* unverdünnt zur Vorbeugung und direkten Behandlung von Pilzen. Bei regelmäßiger Anwendung vertreibt der Tee die Möhrenfliege bei Karotten.

Die Zwiebel enthält schwefelartige Inhaltsstoffe, die Pilze und Schädlinge vertreiben.

» *Rainfarn:* Verwende für den Tee nur die Blüten. Auch der Tee wirkt unverdünnt gegen Insekten aller Art.

Tipp:
Experimentiere mit Mischungen verschiedener Kräuter. Das verstärkt ihre Wirkung und macht die Pflanzen noch widerstandsfähiger.

Setze Nützlinge gezielt ein

Nützlinge kommen ganz natürlich in deinem Garten vor, aber du kannst sie auch kaufen. Manche Nützlinge sind sehr spezialisiert, sie fressen also wirklich nur den Schädling, den du loswerden willst. Andere Nützlinge sind weniger heikel, sie sind wahre Allesfresser.

Marienkäfer

Die niedlichen, beliebten Käfer können ganz schön bissig sein. Zumindest, wenn du in der Haut einer Blattlaus steckst. Während ein erwachsener Käfer auf „nur" 50 Blattläuse pro Tag kommt, vertilgt eine Larve ganze 100 Stück Läuse. Heikel ist der Marienkäfer nicht. Statt Blattläusen stehen auch mal Gallenläuse, Blasenläuse, Thripse, Spinnmilben und Schildläuse auf seinem Speiseplan. Manche Arten ernähren sich sogar von Mehltau- oder Schimmelpilzen. Apropos Arten: Davon gibt es etwa 70 verschiedene. Neben den bekannten 7-Punkt-Marienkäfern noch solche mit 2, 6, 10, 22 oder mehr Punkten. Sie können rot, gelb, braun und sogar schwarz sein.

So sieht ein Marienkäfer ganz am Anfang aus: die Larve.

Marienkäfer legen ihre Eier auf die Unterseite von Blättern, meist direkt zu einer Blattlauskolonie. Die blaugrauen, gelb/orangefarben, gepunkteten Larven beginnen unmittelbar nach dem Schlüpfen zu fressen. Eine Marienkäferlarve solltest du kennen, damit du sich nicht versehentlich mit den Blattläusen entfernst.

Etwas später: die Puppe entsteht.

Die Umwandlung ist vollbracht!

Florfliegen

Die zarten, grün schimmernden erwachsenen Fliegen ernähren sich von Nektar, Pollen und dem Honigtau von Läusen. Weniger harmlos sind ihre Larven und machen damit ihrem zweiten Namen alle Ehre: Blattlauslöwen. Die winzigen, wieselflinken schwarzen Larven fressen 30–40 Läuse am Tag. Auch sie sind nicht heikel und ernähren sich bei Bedarf von Spinnmilben, Schildläusen und Fliegenlarven.

Gekaufte Florfliegen werden als Larven geliefert, entweder in Kartonwaben verpackt oder in ein Pulver eingebettet. Streue die kleinen Tierchen einfach über die befallenen Pflanzen. Die Larven finden rasch ihre Futterquelle und beginnen sofort mit ihrer Arbeit.

Die erwachsene Florfliege ist grün mit zarten Flügeln und goldfarbenen Augen.

Erzwespen

Die winzig kleinen Insekten mit nur 0,6 mm Körpergröße leben als Parasiten. Sie sind schwarzschimmernd und haben einen gelben Hinterleib. Ihre Beute sind die Larven der Weißen Fliege. Mit ihrem Stachel legt eine Erzwespe Eier in die Larven ab. Eine junge Erzwespe wächst in ihrem Opfer heran und frisst es von innen auf.

Erzwespen kannst du kaufen und bei befallenen Pflanzen im Haus oder Gewächshaus einsetzen.

Nematoden

Die kleinen – auch Fadenwürmer genannten – Tiere benötigen Feuchtigkeit und bevorzugen daher den Erdboden als Lebensraum. Manche Nematoden können als Schädlinge Pflanzen befallen, andere Arten sind hingegen Nützlinge. Jede Nematodenart ist auf einen oder wenige Wirte spezialisiert. Für den biologischen Pflanzenschutz werden Nematoden gezielt gezüchtet. Es gibt Nematoden gegen Trauermückenlarven, Maulwurfsgrillen, Gartenlaubkäfer, Wiesenschnaken, Mai- und Junikäferlarven (Engerlinge), Walnussfruchtfliegen und Dickmaulrüssler. Bei der Anzucht von Jungpflanzen sind Trauermücken lästig, der Dickmaulrüssler ist ein verbreiteter Schädling im Hoch- und Gartenbeet.

Beim Kauf erhältst du die Nematoden als Pulver. Löse sie in einem Kübel mit Wasser (Menge je nach Packungsangabe) auf und rühre gut um. Gieße deine befallenen Bereiche und achte die folgenden Tage darauf, dass die Erde immer feucht bleibt. Die Nematoden befallen die Larven und töten sie ab.

Nematoden bekämpfen die Larven des Dickmaulrüsslers, die sich ohne Rücksicht auf Blattverluste durch deine Pflanzen fressen.

Viren und Bakterien

Zur Schädlingsbekämpfung lassen sich sogar Viren und Bakterien einsetzen.

Eine häufige Anwendung erfolgt mit *Bacillus thuringiensis*, einem Bakterium aus der Gattung *Bacillus*. Dieses Bakterium produziert für bestimmte Schadraupen giftige Stoffe und eignet sich zur direkten Bekämpfung von Frostspanner oder dem Buchsbaumzünsler.

Ein Granulose-Virus schützt dich vor Würmern im Apfel. Das Apfelwickler-Weibchen legt ihre Eier auf die heranreifenden Früchte. Die geschlüpfte Larve bohrt sich in den Apfel und frisst das Kerngehäuse aus. Beim Einsatz des Virus kommt es gar nicht so weit, denn dieses infiziert die Larve und tötet sie ab.

GUT GESCHÜTZT DURCH FROSTIGE ZEITEN

Zugegeben: Ein Gewächshaus kann sich nicht jede*r leisten. Oder der Platz fehlt. Kein Grund, den Kopf hängen zu lassen, denn es gibt viele Möglichkeiten, deine Pflanzen vor Kälte zu schützen.

Früher anbauen, länger ernten, Wintergemüse genießen

Im zeitigen Frühjahr locken die ersten Sonnenstrahlen tagsüber mit angenehm warmen Temperaturen und Salate, Radieschen und Co. dürfen ins Freie. Auch wenn dieses Gemüse robust ist, machen ihm Kälteeinbrüche und Frostnächte doch zu schaffen. Das Wachstum stockt. Ähnlich ist es im Herbst, nur mit umgekehrten Vorzeichen. Es wird immer kälter, das Gemüse bleibt „stehen". Mit verschiedenen Methoden schaffst du Wärmeinseln für dein Gemüse. Die Temperaturen sind ausgeglichener, Frost gelangt nicht an die Pflanzen. Tagsüber entsteht unter dem Kälteschutz ein förderliches Kleinklima, das Gemüse wächst schneller und besser.

Auch Wintergemüse freut sich über einen guten Kälteschutz. Es muss kalte, trübe Wintertage überstehen und – soweit vorhanden – im Schnee zu finden sein.

Garten-Vliese

Sie sind ideal für die Übergangszeit im Frühling und Herbst. Du kannst so Gemüse früher anbauen und länger ernten, außerdem schützen sie empfindliche Kulturen (z.B. Erdbeeren) vor Spätfrösten.

Garten-Vliese gibt es in unterschiedlichen Stärken, z. B. 17 g/m², 30 g/m² oder 50 g/m². Je höher das Gewicht, desto besser ist der Kälteschutz. Gleichzeitig sinkt die Lichtdurchlässigkeit, doch gerade in der dunkleren Jahreszeit haschen die Pflanzen nach jedem Sonnenstrahl. Verwende daher ein leichteres Vlies und steige mit sinkenden Temperaturen z. B. auf Frühbeete um.

Vliese sind luft- und wasserdurchlässig, du brauchst also weder zu lüften noch – bei Regen – zu gießen.

Kuckuck! Unter einem Vlies gedeiht der Salat zeitig und prächtig.

Hier lässt es sich aushalten! Stangen schaffen unter dem Vlies einen
Luftraum und lassen mehr Platz für die Pflanzen.

Für Bastler*innen:

Baue aus Vliesen und größeren Stangen einen Folien-
tunnel.

Du brauchst:

» Stabile Stangen (z. B. aus Metall, Kunststoff,
Ästen)
» Garten-Vlies
» eine lange Holzlatte
» Draht
» Steine, Erdspieße oder Ähnliches zum Fixieren

So geht's:

Schritt 1

Stecke die Stangen mit je 40–50 cm Abstand in den
Boden.

Schritt 2

Lege die Holzlatte auf die Stangen und verbinde die Teile mit Hilfe des Drahtes.

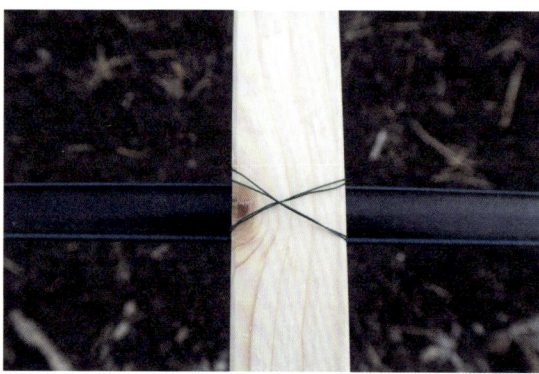

Schritt 3

Spanne ein breites Vlies über die Stangen und fixiere es auf der Seite, z. B. mit Erdspießen, Steinen oder Holzlatten.

Rolle das Vlies zum Bearbeiten oder Ernten auf einer Seite oder an den Enden einfach nach oben.

Vliese schützen dein Gemüse bis –5 °C vor dem Frost.

Flexibles Wärmewunder Frühbeet

Ein Frühbeet leistet (nicht nur) bei frostigen Temperaturen gute Dienste. Es ist für Frühjahrs- und Herbstkulturen genauso geeignet wie zum Schutz von Wintergemüse. Frühbeete sind stabil und langlebig, du kannst sie entweder kaufen oder selbst bauen. Im Handel gibt es Frühbeete aus Kunststoff, Holz oder Metall in unterschiedlichen Preisklassen. Geeignete Materialien für den Selbstbau sind (Ziegel-) Steine oder Holz. Die Abdeckung besteht aus Glas oder Stegplatten. Durch Glas dringt das Licht direkt bis zu den Pflanzen, Stegplatten brechen es hingegen. Das ist vorteilhafter für die Pflanzen, da es kaum zu Verbrennungen kommt. Damit das Gemüse genug Platz hat, sollte das Frühbeet 30–40 cm hoch sein.

Qualitätskriterien für ein Frühbeet:

» Neigung: Der ideale Höhenunterschied zwischen hinten und vorn ist 10–15 cm. Bei einer Ausrichtung der niedrigeren Seite Richtung Süden fängt das Frühbeet die Sonne optimal ein, deine Pflanzen profitieren vom „Gewächshaus"-Feeling.

» Wärmespeicher: Ein Rahmen aus Holz oder Ziegeln speichert die Wärme tagsüber und gibt sie nachts langsam ab. Dünnwandige Kunststoffe und Metall kühlen hingegen schnell aus und haben keinen besonderen Einfluss auf wärmere nächtliche Innentemperaturen.

» Frischluft gefragt: Wird es zu warm, brauchen deine Pflanzen Frischluft, 1. gegen zu hohe Luftfeuchtigkeit (Schimmelgefahr) und 2. gegen zu hohe Temperaturen (Hitzetod, Verbrennungen). Idealerweise lässt sich dein Frühbeet-Aufsatz einen Spalt (zum Lüften) und komplett (zum Gießen, Anbauen, Ernten) öffnen.

Marke Eigenbau: ein Frühbeet aus Ziegeln und einem alten Fenster.

Achtung:
Kehre im Winter Schnee von deinem Frühbeet, damit das Licht zu den Pflanzen gelangt.

Was du alles mit dem Frühbeet machen kannst

» *Verwendung als Mistbeet:* Die Wärme im Frühbeet kommt von oben. Gut so. Noch mehr Wachstumsturbo bringt zusätzliche Wärme von unten. Mache aus deinem Frühbeet ein Mistbeet. Das geht so:
  – Hebe 40 cm Erde aus.
  – Fülle 10 cm Laub in die Grube.
  – Packe 20 cm Tiermist (Pferde- oder Rindermist) auf die Laubschicht.

  – Schütte 20 cm Humuserde über den Mist.
  – Setze das Frühbeet auf die Wärmepackung und bepflanze es.

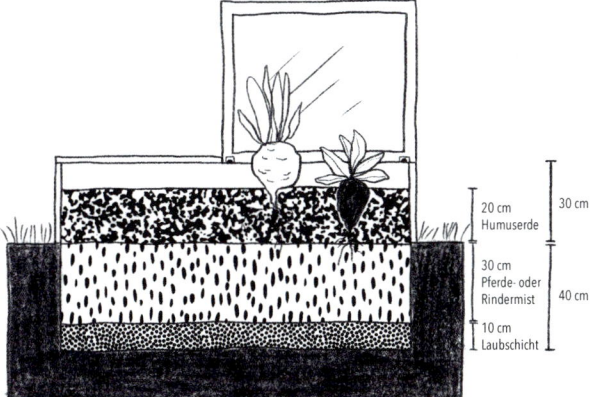

Säe ab Februar Radieschen, Rote Bete, Kohlrabi oder Karotten ins Mistbeet. Mitte April dürfen wärmeliebende Arten wie Gurken, Zucchini, Kohlgemüse oder Paprika in den Frühbeet-Kasten. Der Mist wärmt von unten, im geschlossenen Frühbeet hat Frost also keine Chance.

» *Wanderkasten:* Die Radieschen im Frühbeet sind fast erntereif, und eigentlich brauchen die kleinen Salate in der anderen Gartenecke gerade etwas mehr Wärme? Ein leichtes Frühbeet, z. B. aus Holz oder Kunststoff, ist flexibel. Setze es einfach dorthin, wo ein Sonnenfänger benötigt wird.

» *Abhärte-Platz:* Für Jungpflanzen bedeutet der Umzug vom Haus in den Garten Stress. Sie müssen sich langsam ans Freie gewöhnen – im Frühbeet ist der Schock kleiner. Zusätzlicher Vorteil: Du ersparst dir das Hin- und Hertragen der Jungpflanzen, denn bei geschlossenem Deckel sind sie auch nachts vor Frösten geschützt.

» *Hochbeet-Aufsatz:* Ein Frühbeet-Aufsatz am Hochbeet funktioniert wie ein normales Frühbeet. Eine Rahmenhöhe von vorne ca. 10 cm und hinten ca. 20 cm ist ausreichend, da im Hochbeet die Pflanzen immer etwas tiefer stehen.

Während rundum Schnee liegt, wächst der Salat im Hochbeet unter dem Frühbeet-Aufsatz unbeeindruckt vor sich hin.

Das Frühbeet schützt deine Pflanzen vor −10 °C und weniger.

Zu schade für den Müll: Upcycling für wohlige Wärme

Obsttassen, leere Getränkeflaschen und andere Verpackungen wandern direkt in die Mülltonne? Schade darum. Denn aus leerem, durchsichtigem Verpackungsmüll baust du einen perfekten Kälteschutz für dein Gemüse. Stülpe die sauberen Tassen oder Becher einzeln über dein Gemüse und befestige sie am Rand mit längeren Nägeln oder Sicherheitsnadeln, damit der erste Windstoß sie nicht davonträgt. Und schon ist dein Mini-Treibhaus fertig.

Eine leere Obstverpackung aus dem Supermarkt wird zur Wärmestube für den Salat.

Tipp:
Getränkeflaschen aus Kunststoff sind besonders praktisch. Schneide den Boden ab und stecke sie über das Gemüse direkt in die Erde. Zum Lüften schraubst du einfach den Verschluss auf – genial, oder?

Getränkeflaschen passen perfekt über deine Pflänzchen in der Blumenkiste - ideal auch für den Balkon.

HOT IN THE CITY – UND NICHT NUR DORT: SCHATTEN & WASSER

Auf dem Land, in der Stadt – wir werden uns an lange Hitzephasen gewöhnen müssen. Unseren Pflanzen geht es nicht besser.

37–38 °C machen den meisten Gemüsepflanzen schon zu schaffen, ab 40 °C wird es für sie richtig ungemütlich.

So rettest du dein Gemüse vor dem Hitzetod

Schatten spenden

» *Mit Mischkulturen:* Große, hitzeverträgliche Pflanzen beschatten kleineres, empfindlicheres Gemüse. Im Schatten der sonnenhungrigen Tomaten fühlt sich Kohlrabi wohl und Rote Bete genießt den Unterschlupf bei Melonen.

Im Schatten von Tomaten ist Kohlrabi besser vor Hitze geschützt.

» *Mit einem Schattennetz:* Was im Gewächshaus üblich ist, wird auch im Garten State of the Art werden. Große Schattennetze – ähnlich Sonnensegeln – schirmen die Mittagshitze ab und schützen das Gemüse somit vor Überhitzung. Die Alternative bei Platzmangel: ein Sonnenschirm!

Gießen, gießen, gießen

Dass Pflanzen schlaue Tricks auf Lager haben, weißt du mittlerweile. Sie haben sogar ihre eigene Klimaanlage eingebaut. Dafür brauchen sie: Wasser. Sie verwandeln das Wasser in Wasserdampf und entnehmen dafür ihrer unmittelbaren Umgebung Energie. Rund um die Pflanzen wird die Luft kälter, die sogenannte Verdunstungskälte kühlt nicht nur die Pflanzen, sondern auch ihre Umgebung. Ein Waldspaziergang an einem heißen Sommertag bringt dir also tatsächlich einige Grade Erfrischung. Je mehr du gießt, desto mehr Abkühlung verschaffen sich dein Gemüse und deine Obstbäume.

Mulchen

Eine dicke Mulchdecke (Seite 94) rund um dein Gemüse hält Feuchtigkeit im Boden und damit für die Pflanzen verfügbar. Dies hilft ihnen bei der Abkühlung und schützt den empfindlichen Übergang von Wurzel zu Stängel.

Lebenselixier Wasser

Wasser bringt sämtliche wichtige Abläufe der Pflanze ins Laufen. Als Lösungsmittel transportiert es Nährstoffe und Zucker. Durch Wasserdruck können auch krautige Pflanzen und weiche Pflanzenteile – also ohne Stamm – aufrecht stehen. Bei der Photosynthese liefert Wasser Bestandteile (den Wasserstoff) zur Produktion von Zucker. Und schließlich verschafft sich die Pflanze an heißen Tagen mit Hilfe von Wasser Abkühlung.

So viel Wasser braucht dein Gemüse

Für Qualität und gutes Gedeihen von Gemüse ist eine regelmäßige und ausreichende Bewässerung sehr wichtig.

Frische Saaten, Keimlinge und Jungpflanzen: Lass die Erde nie austrocknen. Das Samenkorn braucht Wasser, um zu quellen und erste Würzelchen und den Spross zu bilden. Bei Jungpflanzen sind die Wurzeln noch schwach entwickelt und deshalb auf Wasser in unmittelbarer Umgebung angewiesen. Einmal ausgetrocknet, sterben kleine Keimlinge und junge Pflanzen rasch ab.

Älteres Gemüse: Eine Wassergabe alle 2–3 Tage ist ausreichend. Gieße dafür länger und durchdringend. Die Wurzeln müssen aktiv werden, sich verzweigen und das Wasser auch aus tieferen Bodenschichten holen. Dadurch wird das Gemüse widerstandsfähiger und wächst gesünder. Wenn du mal ein Wochenende unterwegs bist, kommt das Gemüse mit ein bisschen Wassermangel besser zurecht.

Die Wassermenge fürs Gießen hängt von vielen Einflüssen ab: Bei Trockenheit und Hitze musst du mehr gießen. Ein hoher Humusgehalt im Boden und eine dicke Mulchschicht sparen hingegen Wasser. Eine wichtige Rolle spielt natürlich die Gemüseart selbst: Blattgemüse wie Salat braucht mehr und regelmäßiger Wasser als Paprika oder Chili.

Kein Wasser – EIN Problem

Trockenheit macht deinem Gemüse nicht bloß zu schaffen, sie hat auch ungünstige Auswirkungen auf seine Qualität:

» Das Gemüse bleibt klein und mickrig.
» Fruchtgemüse, wie Auberginen, Zucchini oder Gurken, verliert seine Blüten und Fruchtansätze.
» Zucchini und Gurken werden bitter.
» Tomaten, Zucchini und Gurken bekommen eine dicke, harte Schale, Paprika nur eine dünne Wand.
» Salatblätter sind ledrig und zäh.
» Radieschen und Rettiche sind sehr scharf.
» Knollen und Wurzeln sind holzig, z. B. von Kohlrabi, Radieschen, Rüben.

Bewässerung für jeden Zweck

Damit das Wasser aus der Regentonne oder dem Wasserhahn zu deinem Gemüse kommt, stehen dir eine Reihe an „Hilfsmitteln" zur Verfügung:

Gießkanne: Die einfachste Form der Bewässerung. Was auf einem kleinen Balkon mit wenig Pflanzen machbar ist, wird im Garten zum Fitnesstraining der besonderen Art. Sogar auf einem üppig bepflanzten Balkon brauchst du mit der Gießkanne sehr viel Zeit.

Gartenschlauch: Weniger mühsam ist das Gießen mit dem Gartenschlauch. Allerdings vergeht in einem großen Garten dennoch viel Zeit, außer du genießt nach einem stressigen Arbeitstag die entspannende Tätigkeit. Auf Balkon oder Terrasse macht sich ein Wasserauslass, an den du den Gartenschlauch anstecken kannst, bald bezahlt.

Ist das schon Meditation? Gießen kann entspannend sein – in größeren Gemüsegärten ist es dennoch viel Aufwand.

Sprinkler: Zeitsparend und praktisch. Schließe an den Gartenschlauch einfach einen Sprinkler an, der das Wasser über deinen Beeten verteilt. Dein Aufwand: das Auf- und Abdrehen des Wasserhahns. Nachteilig ist der große Wasserverbrauch, verursacht durch Wind, Verdunstung und das wenig zielsichere Gießen. Sprinkler sind ausschließlich für den Garten geeignet.

Tröpfchenbewässerung: Diese ist wassersparend und am schonendsten für das Gemüse. Auf dünnen Schläuchen befinden sich in regelmäßigen Abständen Wasserauslässe, die sogenannten Tropfer, aus denen je nach Modell eine bestimmte Wassermenge je Stunde tropft. Die Vorteile: Die Erde kann das Wasser langsam aufnehmen, es fließt weniger ab und durch. Und das Wasser ist genau dort, wo es benötigt wird, nämlich direkt bei den Gemüsepflanzen. Die Tröpfchenbewässerung passt in alle Gartenbeete, ins Hochbeet und auf Balkon und Terrasse.

Eine Tröpfchenbewässerung im Hochbeet ist zielgenau und wassersparend.

Bewässerungscomputer: Jeden Sommer dasselbe Problem. Du willst in den Urlaub fahren, doch wer kümmert sich in der Zwischenzeit um deine Pflanzen? Mit einer Steuerung sind diese Probleme Vergangenheit. Am Bewässerungscomputer kannst du Dauer und Uhrzeit der Bewässerung einstellen. Er eignet sich für alle Tröpfchenbewässerungen und Sprinkleranlagen.

Winter-Wasser-Land

Kurz vor dem Frost heißt es: Wasser aus. Drehe den Außenhahn ab und lasse das Wasser aus sämtlichen Schläuchen und Leitungen rinnen. Wasser dehnt sich beim Gefrieren aus und würde die Leitungen sprengen.

Wintergemüse braucht zwar bei Frost keine Bewässerung, in langen und trockenen Wärmephasen im Winter aber schon. Hier bleibt dir das Gießen mit der Kanne kaum erspart. Oder du drehst deine Leitungen kurz auf, schließt sie aber unmittelbar nach dem Gießen wieder.

Schnee ins Frühbeet, Deckel zu und fertig ist die Bewässerung im Winter. Achtung: Das klappt nur mit frostfesten Pflanzen.

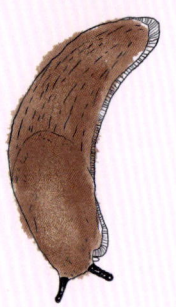

LET'S TALK ABOUT: KLIMAWANDEL

Aufmerksame Naturbeobachter*innen merken es seit vielen Jahren: Es hat sich etwas geändert. Auf die Jahreszeiten scheint kein Verlass mehr zu sein, und extreme Wetterereignisse wie wochenlange Hitze oder Starkregen und Überschwemmungen machen uns zu schaffen. Auch im Garten ist der Klimawandel angekommen, hier spürst du ihn an vielen Ecken und Enden.

SUPERDÜNGER DURCH MEHR CO_2 IN DER LUFT

Seit Beginn der industriellen Revolution hat sich der CO_2-Gehalt in der Luft um mehr als 40 Prozent erhöht. Da sich Pflanzen von CO_2 ernähren, wirkt die höhere Konzentration als Turbo-Dünger. Manche Pflanzen wachsen schneller und üppiger.

Was sich im ersten Moment positiv anhört, führt auf den zweiten Blick zu Problemen. Denn nicht alle Pflanzen können das Mehr an CO_2 gleichermaßen verwerten. Beikrautige Pflanzen wie z. B. die Quecke profitieren besser davon und überwuchern unsere empfindlicheren Gemüsepflanzen noch mehr.

Jene Nutzpflanzen, die vom höheren CO_2-Gehalt profitieren, verlieren an inneren Werten. Das Verhältnis von Wasseraufnahme und CO_2 gerät in Schieflage, dadurch enthalten Gemüse, Obst und Kräuter weniger Vitamine, Nährstoffe und sekundäre Pflanzeninhaltsstoffe.

LANGER HERBST, FRÜHER FRÜHLING, MILDER WINTER

Bis Ende Oktober Tomaten ernten und ab Februar kommt der Salat ins Beet. Und – so ehrlich muss man sein – ohne mildere Winter würde auch der Anbau von Wintergemüse nicht so gut klappen.

Lange, milde Winter sind verlockend, nicht nur für uns Menschen. Schädliche Insekten, die früher auf natürlichem Weg durch Frost reduziert wurden, überdauern die Wintermonate immer besser. Zahlreiche Schädlinge nutzen die langen Wärmeperioden, um mehrere Generationen pro Jahr zu entwickeln. Nacktschnecken und Kohlweißlinge knabbern von November bis Januar an Rosenkohl, Brokkoli oder Wintersalat: Was noch vor einigen Jahren undenkbar schien, ist heute schon fast normal.

Milde Temperaturen im ausklingenden Winter schaden Wildbienen und Hummeln. Sie kommen früher aus ihrem Unterschlupf, finden jedoch kaum blühende Pflanzen und verhungern.

Abhilfe: Setze in deinem Garten früh blühende Wildblumen wie Krokusse, Hyazinthen, Veilchen, Primeln und Schneeglöckchen und zeitig blühende Sträucher, z. B. Winterjasmin oder Kornelkirsche, damit zu früh geschlüpfte Wildbienen ausreichend Nahrung finden.

Ein warmer Februar oder März „verführt" Obstbäume zum vorzeitigen Blühen. Oft kommen nach der winterlichen „Wärmeperiode" Frostnächte – die Blüten erfrieren – und die Obsternte ist dahin.

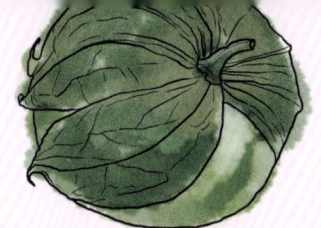

NEUE SCHÄDLINGE ÜBERALL

Die meisten neuen Schädlinge werden durch Transporte von Obst, Gemüse oder Pflanzen eingeschleppt. Während sie früher den winterlichen Frösten erlagen, überdauern sie heute und vermehren sich ungezügelt, da sie keine natürlichen Feinde haben. In den letzten Jahren mussten wir die Bekanntschaft mit Grüner Reiswanze, Kohltriebrüssler, Walnussfruchtfliege oder Buchsbaumzünsler machen – es werden nicht die letzten Neozoen sein, also Tiere, die aus anderen Regionen einwandern.

DIESEM GEMÜSE WIRD'S ZU HEISS

Temperaturen um die 40 °C liegen nicht jeder Pflanze. Vor allem die aus Mitteleuropa stammenden Gemüsearten kommen mit den neuen Hitzewellen schlecht zurecht. Allen voran die große Gruppe der Kohlgewächse, zu denen Pflanzen wie Wirsingkohl, Weiß- und Rotkohl, Brokkoli, Rosenkohl, aber auch Radieschen, Rettich, Asia-Gemüse und Rucola zählen.

Abhilfe: Baue Kohlgemüse im Windschatten anderer Pflanzen an, z. B. von Tomaten oder Paprika. Gieße viel! Verlege die Anbauzeit vom Sommer in den Herbst.

STARKREGEN UND ÜBERFLUTUNGEN

Zugegeben: Bei einem Jahrhundert-Hochwasser ist der Garten wahrscheinlich deine letzte Sorge. Doch schon starker Regen kann deine Pflanzen unter Wasser setzen und ihnen schaden.

Abhilfe: Baue dein Gemüse in Hochbeeten oder erhöhten Beeten an. Durch die lockere Befüllung läuft Regenwasser rasch ab, das Gemüse behält „trockene Füße".

Mulche deine Beete: Eine dicke Mulchschicht bremst Regentropfen beim Aufprall und lässt sie langsamer versickern. Die Mulchschicht verhindert das Wegspülen der obersten humosen Erdschicht.

NEUE PFLANZEN

Last, but not least, ein kleiner positiver Aspekt. Die geänderten Klimabedingungen ermöglichen dir, wärmeliebende Pflanzen vermehrt anzubauen. Tomatillos, Andenbeeren, Süßkartoffeln, Okras und Feigen gedeihen unter den wärmeren Temperaturen, auch Experimente mit Kaki, Ananas oder Zitronenbäumen sind möglich. Im Winter gelingt der Anbau von vielen verschiedenen Wintergemüsearten zuverlässig.

LASS DIR DIE WEINTRAUBEN IN DEN MUND WACHSEN … ODER DIE ERDBEEREN IN DIE MÜSLISCHÜSSEL: DEIN WILD-FRUCHTIGER OBSTTRAUM

Gönn dir jedes Obst zu seiner Zeit. Sonnengereifte Kirschen gibt's im Juni, bunte Beeren und Marillen (Aprikosen) schütten ihr Füllhorn im Hochsommer über dich aus, das große Finale kommt im Herbst: Äpfel, Birnen, Zwetschgen, Nüsse, Trauben, Wildobst!

Frisch gepflückt schmeckt Obst am besten, weil du es so lange auf dem Baum oder Strauch lässt, bis es vollreif ist. In den letzten Reifetagen lagert die Frucht besonders viel Zucker ein und wird dadurch aromatischer. Das gelingt bei gekauftem Obst nicht. Es wird einige Tage früher geerntet, damit es sich gut lagern und transportieren lässt.

FRÜCHTE-VIELFALT: FAST DAS GANZE JAHR ERNTEN

Wenn du stets etwas frisches Obst pflücken willst, hilft dir das Wissen um die Reifezeiten der einzelnen Obstarten und -sorten. Innerhalb einer Obstart entstanden durch Züchtung und Auslese viele verschiedene Sorten mit unterschiedlichen Erntezeiträumen. So gibt es z. B. Sommer-, Herbst- und Winteräpfel. Die Sorte ‚Klarapfel‘ erntest du im Juli/August, den Apfel ‚Kaiser Wilhelm‘ hingegen im Oktober/November. Ähnlich ist es bei Birnen, auch hier gibt es frühere und spätere Sorten.

Bei Beerenobst ist durch geschickte Kombination der Arten und Sorten sogar die Ernte vom späten Frühjahr bis in den Herbst hinein möglich.

Hier ein Beispiel: Starte mit der Himbeerernte der Sorte ‚Pechts Gigant‘ ab Mitte Juni, im Juli kommt die Himbeere ‚Niniane‘ dazu. Jetzt werden auch Stachelbeeren, Jostabeeren und Rote Johannisbeeren reif.

Im August folgen Brombeeren, die Sommerhimbeere ‚Tulameen‘ und Schwarze Johannisbeeren. Ende August geht es weiter mit der späten Brombeersorte ‚Navaho‘ und der gelben Herbsthimbeere ‚Fallgold‘, die sogar bis Anfang Oktober trägt. Im Herbst gibt es außerdem noch mal frische Erdbeeren, nämlich die Mehrfachträgersorten ‚Ostara‘ und ‚Elan‘.

Die Herbst-Himbeere ‚Fallgold‘ trägt bis Oktober Früchte.

Die Reifezeiten hängen nicht nur von Art und Sorte ab, sondern auch von den klimatischen Bedingungen in deiner Region. Kirschen in milden Weinbaugegenden werden schon im Juni reif, die Ernte in höheren Lagen findet erst im August statt.

Die folgende Tabelle zeigt dir die Erntezeiträume je Obstart. Die Reifezeiten einzelner Obstsorten sind nicht angeführt, da ihre Vielfalt den Rahmen sprengen würde. Du erfährst sie direkt bei deiner lokalen Baumschule, beim Gartenfachhandel oder entnimmst sie einem Sortenkatalog.

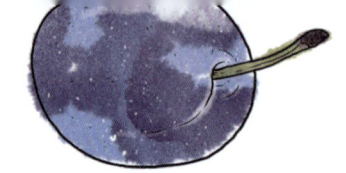

OBSTART	REIFEZEIT/ERNTEZEIT							
	Mai	Juni	Juli	Aug.	Sept.	Okt.	Nov.	Dez
KERNOBST								
Äpfel: Sommersorten								
Äpfel: Herbstsorten								
Äpfel: Wintersorten								
Birnen: Sommersorten								
Birnen: Herbstsorten								
Birnen: Wintersorten								
Quitte								
STEINOBST								
Aprikose (Marille)			ab M	bis M				
Kirsche				bis M				
Mirabelle								
Pfirsich: frühe Sorten								
Pfirsich: Hauptsorten								
Pflaume (Zwetschge)								
Weichsel (Sauerkirsche)								
BEERENOBST								
Brombeere					bis M			
Erdbeeren: Frühsorten								
Erdbeeren: Sommersorten		ab M						
Erdbeeren: Herbstsorten								
Heidelbeere								
Himbeere: Frühsorten		ab M						
Himbeere: Sommersorten								
Himbeere: Herbstsorten								
Johannisbeere (rot und weiß)		ab E						
Johannisbeere (schwarz)								

OBSTART	REIFEZEIT/ERNTEZEIT							
	Mai	Juni	Juli	Aug.	Sept.	Okt.	Nov.	Dez
Jostabeere								
Kiwi				ab M				
Maibeere	ab M	bis M						
Stachelbeere			ab E	bis A				
Weintrauben								
NÜSSE								
Haselnuss								
Walnuss					ab M			
WILDOBST								
Apfelbeere				ab M				
Felsenbirne								
Holunder				ab M	bis M			
Kornelkirsche								
Mispel								
Sanddorn								
SONSTIGES								
Feige								
Rhabarber	Ende April	bis 24.6.						

A=Anfang, M= Mitte, E=Ende

VIEL PLATZ, WENIG PLATZ: GROSSE OBSTERNTE ÜBERALL

Lass den Kopf nicht hängen, wenn dein Garten nicht allzu groß ist oder du von deinem Balkon frische Früchte pflücken willst. Für jede Fläche gibt es verschiedene Baum- und Strauchgrößen und -formen, die eine bunte, abwechslungsreiche Ernte ermöglichen.

Obst wächst auf Bäumen, Sträuchern und Stauden.

Obstbäume

Kernobst (Äpfel, Birnen, Quitten), Steinobst (Marillen, Kirschen …), Walnüsse und Mispeln erntest du von Bäumen.

Obstbäume werden in der Baumschule auf Unterlagen gezogen. Das sind Wurzeln und ein kleines Stammstück, auf das die eigentliche Obstsorte gepfropft wird. Diese Tätigkeit heißt auch veredeln. Die Veredelungsstelle findest du im unteren Bereich des Stammes, es ist eine wulstartige Verdickung. Darunter ist die Unterlage, darüber die Obstsorte. Die Unterlage bestimmt die Wuchskraft eines Baumes. Es gibt schwache, mittlere und starke Unterlagen.

So war das nicht gedacht: Dieser Kirschbaum hat eindeutig eine starkwüchsige Unterlage.

Baumgrößen und ihre Nutzung

Neben der Unterlage bestimmt die Höhe des Baumstammes – vom Boden bis zur Baumkrone – die Größe des Obstbaumes. Als Faustregel gilt: Je höher der Stamm, desto stärker und damit wüchsiger ist die Unterlage.

» *Hochstamm:* Die Baumkrone beginnt in ca. 180–200 cm Höhe.

Geeignet für: Streuobstwiesen, sehr große Gärten, mühsame Ernte.

» *Halbstamm:* Stammhöhe bis zur Krone ca. 120–160 cm.

Geeignet für: große und mittlere Gärten, darunter passen eine Hängematte oder ein Sitzplatz.

Beim Halbstamm beginnt die Krone ab 120 cm Höhe.

» *Buschbaum:* Der Stamm verzweigt sich nach 60–100 cm zur Krone.
Geeignet für: mittlere und kleine Gärten, als Spalierbaum für Garten, Terrasse und Balkon.

Easy, peasy – die Ernte von Buschbäumen ist einfach und klappt zum Teil sogar im Stehen.

Die Ernte ist einfach, da die Verzweigung weit unten beginnt, du also leicht in den Baum klettern kannst. Viele Früchte erreichst du bereits mit ausgestreckter Hand oder einer kleinen Treppenleiter.

» *Spindelbusch:* Buschbaum mit sehr schwachwüchsiger Unterlage.
Geeignet für: kleine Gärten, als Spalierbaum für alle Flächen und zum Anbau in Töpfen.

Spindelbüsche eignen sich für Spaliere.

» *Säulenobst:* Durch Züchtung entstanden Obstbäume, die ihr Fruchtholz direkt am Stamm tragen. Die Bäume sind schwachwüchsig, schlank und brauchen sehr wenig Platz. Säulenobst wird für folgende Obstarten angeboten: Apfel, Birne, Kirsche, Pflaume (Zwetschge), Marille (Aprikose), Pfirsich. Sogar Beerensträucher, z. B. Johannisbeeren oder Stachelbeeren gibt es in Säulenform.
Geeignet für: kleine Gärten und als Topfkultur für Balkone und Terrassen.

Platzsparend und sehr praktisch: Beim Säulenobst wachsen die Früchte direkt neben dem Stamm.

» *Sonderfall Walnuss:* Ein Nussbaum braucht sehr viel Platz und ist daher nur für große Gärten geeignet. Zudem „duldet" er keine anderen Gewächse neben sich. Nussblätter enthalten den Bitterstoff Juglon, der den Boden versauert und das Keimen und Gedeihen anderer Pflanzen unterdrückt.

Für eine üppige Walnussernte brauchst du viel Platz.

Aufgrund ihrer geringeren Größe sind Sträucher fast alle auch für Topfkulturen geeignet.

Einige Beerenpflanzen brauchen eine Kletterhilfe, um nach oben zu ranken. Das sind Brombeeren, Kiwis und Weintrauben. Auch sie wachsen direkt im Garten oder am Balkon in einem Topf.

Stauden

sind kleinwüchsige Pflanzen, die im Herbst ihre Blätter einziehen und aus dem Wurzelstock neu austreiben. Zu ihnen gehören Erdbeeren und Rhabarber.

Sträucher und kletterndes Obst

Viele Wildobstsorten (Seite 130), wie Kornelkirsche oder Aronia, sind Sträucher, genauso zählen die meisten Beeren dazu.

Lecker und extrem einfach zu ernten, denn das meiste Beerenobst wächst an Sträuchern.

Der Rhabarber ist eine Staude – er treibt Jahr für Jahr neu aus. Praktisch, oder?

So viel Platz brauchen deine Obstpflanzen

BAUMGRÖSSE ODER OBSTKULTUR	PFLANZABSTAND (VON STAMM ZU STAMM)
Hochstamm	10–12 m
Halbstamm	8–10 m
Buschbaum	5–7 m
Spalierobst	4–5 m
Säulenobst	80–100 cm
Wildobst	100–150 cm als Hecken-pflanze, einzeln 200–250 cm
Haselnuss, Holunder	150–200 cm
Brombeere	200–300 cm
Kiwi	200 cm
Weintraube	150–200 cm
Johannisbeere	100 cm
Himbeere	70–80 cm
Rhabarber	60–80 cm
Erdbeeren	30 cm, Doppelreihen, zwischen den Reihen 80 cm
Beeren und Sträucher in Säulenform und Töpfen	50–60 cm

Verschiedene Plätze im Garten und auf dem Balkon und wie du sie nutzen kannst

Der Baum mitten im Garten

Ein frei stehender, einzelner Obstbaum mitten im Garten ist wunderschön, erfreut dich mit seinen Blüten, reicher Ernte und spendet Schatten.

Das Problem: In einem kleinen bis mittelgroßen Garten hat er keinen Platz. Oder bloß ein einziger Baum, denn du willst sicher noch Flächen frei haben für Gemüse, Blumen, zum Spielen oder für einen Sitzplatz.

Zu einem abwechslungsreichen Obstkorb kommst du mit der geschickten Ausnutzung aller Ecken und Enden deines Gartens oder Balkons.

Pflanze eine fruchtige Hecke

Wie wär's mit einer bunten Wildobsthecke am Rand deines Grundstücks? Oder dicht an dicht gesetzten verschiedenen Säulenobstbäumchen?

Hier wurde der Gartenrand geschickt genutzt: Entlang des Zauns bzw. der Mauer wachsen Beerensträucher.

Schmale Obstwand: das Spalier

Obstspaliere sind horizontal erzogene, schwach wachsende Buschbäume oder Spindelbüsche. Die Äste zeigen nach links und rechts, die nach vorn und hinten gerichteten Zweige werden weggeschnitten.

Einen Spalierbaum kannst du entweder selbst erziehen, d. h. in Form bringen, oder bereits vom*von der Gärtner*in vorbereitet kaufen. Für den Spalierbaum brauchst du ein Gerüst. Alle neuen nach oben wachsenden Äste biegst du zur Seite und bindest sie daran fest. An den waagrechten Ästen entstehen rascher Blüten und Früchte.

Das Spalier ist freistehend oder an einer Wand fixiert.

An der Wand: Nutze eine Gartenmauer, die Hauswand, deine Gartenhütte, ein Carport usw. und montiere ein Spaliergerüst. Dieses kann aus Holz, Metall oder Kunststoff sein. Lass zwischen Spalier und Wand einige Zentimeter Platz, damit ausreichend Luft zirkulieren kann. So sind deine Bäume besser vor Pilzen und anderen Krankheiten geschützt. Erkundige dich – z. B., wenn du in einer Wohnung oder einem Miethaus wohnst – bei deiner Hausverwaltung, ob das Anbohren der Wände gestattet ist.

Frei stehendes Spalier: Verwende deine Grundstücksgrenzen für ein Spaliergerüst. Die Grundgrenze ist die längste Fläche in deinem Garten mit viel Platz für mehrere Spalierobstbäume. Hübsch ist ein freies Spaliergerüst mitten im Garten, z. B. als Raumteiler zwischen Rasenflächen und Gemüsegarten. Oder als Abgrenzung eines verborgenen Sitzplatzes. Dein Garten wirkt damit gleich größer und geheimnisvoller. Achte darauf, dass das Spalier gut im Boden verankert

ist. Wenn der Baum etwas größer ist, muss es nämlich ein ordentliches Gewicht tragen.

Die Grenze zum Nachbargarten? Fruchtig!

Hoch hinaus mit Klettergerüsten

Ähnlich einem Spalier nutzt du mit einem Klettergerüst die vertikale Ebene, also den Raum nach oben. Allerdings wachsen statt Obstbäumen rankende Beeren in die Höhe, z. B. Weintrauben, Kiwis oder Brombeeren. Das Obst klettert an Wänden, Carports, Pergolen oder Zäunen empor.

Neue Züchtungen können noch mehr: Es gibt kletternde Erdbeeren, säulenförmige Johannis- und Stachelbeeren oder nahezu aufrecht wachsende Brombeeren. Alles, was du dazu brauchst, sind einige Pflöcke oder Bambusstäbe, an denen sich die Beeren festhalten können.

Im Herbst kannst du die Trauben vom Fenster aus pflücken.

Befestigte Flächen: Obst auf Balkonen und Terrassen

Kleine Obstbäume, Säulenobst, Beeren und Kletterobst lassen sich sehr gut in einem Topf kultivieren. Viele Gärtnereien bieten spezielle Züchtungen für den Stadt- und Balkongarten an. Die Pflanzen bleiben klein und kompakt bei gleichzeitig hohem Ertrag. Aus in einen Topf oder Trog gepflanztem Baum wird ein ebenso gesunder Spalierobstbaum wie aus einem im Gartenboden wachsenden Baum.

Auch am Balkon kannst du süße Früchte wachsen lassen.

Achtung:
Obst in Töpfen und Trögen braucht regelmäßige Bewässerung und Düngung, denn seine Wurzeln können nicht in tiefere Bodenschichten dringen, um sich zu versorgen.

Hängeampeln

Alles Gute kommt von oben – so auch Hängeerdbeeren in Ampeln. Hänge sie an einen Zaun, an deine Balkondecke oder das Geländer.

Das gibt es noch zu bedenken

Standort

Die meisten Obstbäume mögen sonnige Standorte. Je mehr Sonne, desto süßer werden die Früchte. Im Halbschatten gedeihen vorwiegend Wildsträucher wie Holunder, Haselnuss, Maibeere, Apfelbeere und Kornelkirsche. Mit Schatten kommen Walderdbeeren, Waldheidelbeeren und Felsenbirnen gut zurecht.

Frostgefährdet sind Bäume mit sehr früher Blüte, z. B. Aprikosen (Marillen). Neben einer Hauswand oder Mauer sind sie ein wenig vor Kälte und Wind geschützt. Aprikosen und Pfirsiche wachsen eher in milden Klimalagen, es gibt aber auch an kältere Standorte angepasste Sorten.

Die empfindliche Marillenblüte beim Öffnen …

… bei der Befruchtung …

… hat leider dem Frost nicht standgehalten.

Tipp:
Kaufe Obstgehölze regional ein. Hier werden Sorten und Züchtungen verkauft, die an Boden und Witterung deiner Region gut angepasst sind.

Schatten

Je größer der Baum, desto mehr Schatten wirft er. Das mag praktisch sein, wenn du deine Hängematte darunter spannst. Oder eben nicht, weil der Baum kein Licht ins Wohnzimmer lässt.

Wurzelkonkurrenz

Wurzeln von Obstbäumen reichen sehr weit, oft weiter, als ihre Krone breit ist. Damit saugen sie Wasser und Nährstoffe aus dem Boden. Direkt neben dem Gemüsebeet gepflanzt, hat das Gemüse keine Chance zu gedeihen. Halte deshalb ausreichend Abstand zu anderen bepflanzten Beeten.

Denk an deine Nachbar*innen

Kaum zu glauben, aber die meisten Nachbarschaftsstreitigkeiten entstehen durch überhängende Äste oder Schatten durch zu hohe Hecken. Halte bei der Pflanzung größerer Obstbäume ausreichend Abstand zur Grundstücksgrenze und setze deinen Apfelbaum nicht vors Fenster deiner*s Nachbar*in.

WIE GEHT'S LOS? BEREITE DEINEN OBST-PFLANZEN DEN BESTEN START

Ein Obstbaum begleitet dich über eine lange Zeitspanne – möglicherweise dein ganzes Leben. Umso wichtiger ist seine Pflanzung, denn Fehler beim Start machen sich rasch bemerkbar. Das Pflänzchen wächst langsam, ist anfällig gegen Wind und für Krankheiten und trägt wenig Früchte. Für das bisschen mehr Aufwand beim Setzen wirst du jahrelang mit vielen, gesunden Früchten belohnt.

Du brauchst:
» Schaufel oder Spaten, evtl. Spitzhacke
» einen großen Kübel
» eine kleine Handhacke
» einen stabilen Pflock in Stammhöhe
» eine breite, weiche Schnur, z. B. aus Kokosfasern
» evtl. Bio-Erde oder Kompost zur Bodenverbesserung
» den Obstbaum

So geht's:
Obstbäume gibt es in verschiedenen Formen zu kaufen:
» wurzelnackt, d. h. es befindet sich keine Erde rund um die Wurzeln.
» im Ballen: Die Wurzeln sind mit Hilfe eines Ballens (z. B. aus Leinen) in Erde eingeschlagen.
» im Container: Die Obstpflanze wurde in einem Topf mit ausreichend Erde großgezogen.
Der Vorteil wurzelnackter und im Ballen eingeschlagener Pflanzen ist ihr günstiger Preis. Wurzelnack-

te Pflanzen musst du direkt nach dem Kauf setzen, Ballenware innerhalb weniger Tage. Halte den Ballen stets feucht, damit die Wurzeln nicht vertrocknen. Beide Formen werden im späten Herbst (Oktober, November) oder zeitigem Frühjahr (März) gesetzt.

Bäume im Container sind weniger empfindlich und dürfen das ganze Jahr gepflanzt werden. Ideal sind dennoch Frühling oder Herbst, denn im heißen Sommer wächst der Baum schlecht an und im Winter leidet er unter frostigen Böden. Nachteil der Containerpflanzen ist der höhere Preis.

Schritt 1: Fülle den Kübel mit Wasser und stelle den Baum samt Topf oder Ballen hinein. Lasse wurzelnackte Pflanzen ca. 24 Stunden im Kübel, bei den anderen genügen 1–2 Stunden.

Schritt 2: Hebe in der Zwischenzeit eine Grube aus. Diese sollte doppelt so groß und so tief wie der Wurzelballen bzw. der Topf sein. Entferne vorhandene Steine. Lockere lehmige oder schwere Böden an den Seiten und am Grund der Grube zusätzlich mit einer Spitzhacke.

Schritt 3: Leere einen großen Kübel Wasser in die Grube und warte, bis es versickert. Das Wasser lockert den Boden und hilft, dass sich die Wurzeln besser mit der Erde verbinden.

Schritt 4: Lockere die Aushuberde mit der Handhacke und mische sie mit Kompost oder Bio-Erde. Fülle die Grube nur so weit mit Erde, dass der Wurzelballen genug Platz hat.

Schritt 5: Schlage den Pflock am Rand der Grube tief ein, damit er stabil steht.

Schritt 6: Jetzt wird gepflanzt! Nimm den Baum aus dem Wasserkübel. Schneide von wurzelnackten Pflanzen die Wurzeln mit einer scharfen Schere ein kleines Stück ab. Entferne das Tuch von der Ballen-

ware. Löse den Containerbaum vom Topf und lockere mit den Händen Wurzeln und Erde ein wenig auf.

Schritt 7: Stelle den Baum in das Pflanzloch. Achte darauf, dass sich die Veredelungsstelle 10–15 cm über der Erde befindet. Bei zu tief gesetzten Bäumen treibt die Unterlage aus. Fülle die restliche Erde in die Pflanzgrube. Rüttele sanft den Stamm, damit die Erde sich gut zwischen den Wurzeln verteilt. Drücke am Schluss die Erde mit den Händen fest und forme eine Gießmulde.

Schritt 8: Binde den Baum mit der weichen Schnur in Form einer 8 locker am Pflock an.

Schritt 9: Gieße einen Kübel Wasser in die Gießmulde. Die Erde wird zwischen die Wurzeln gespült, das Bäumchen kann rascher in seiner neuen Umgebung anwachsen. Wässere deinen Obstbaum in den ersten Tagen und Wochen regelmäßig.

Eine weiche Kokosschnur scheuert nicht am Stamm.

Blick über den Gartenzaun: Wilde Früchte, die du nirgends zu kaufen bekommst

Schokokuchen gefüllt mit fruchtiger Kornelkirschen-Konfitüre, Mispel-Apfel-Mus, frische Felsenbirnen im Müsli und vitaminreicher Saft aus Apfelbeeren. Wo es das gibt? In deiner Küche – zubereitet mit Wildobst aus eigenem Anbau.

Wildobst umfasst eine Gruppe an Gewächsen, die seit Jahrhunderten „wild" in der Natur vorkommen und – im Gegensatz zu Obstsorten wie Äpfel, Birnen oder Marillen (Aprikosen) – züchterisch kaum verändert wurden. In früheren Zeiten dienten die Früchte als wertvolle Nahrungs- und Vitaminquelle, vor allem in der kalten Jahreszeit, da manche Arten auch mit Frost gut umgehen können.

Nachdem es jahrelang praktisch in der Versenkung verschwunden ist, wurde Wildobst in den letzten Jahren wieder populär. Mittlerweile werden sogar gezielt Sorten für den Hausgarten oder Balkon entwickelt.

Robust, voller Geschmack und absolute Vitamin-Booster: die Wildobst-Arten

Apfelbeere

Auf dem ca. 1,5 Meter hohen Strauch sitzen in Dolden kleine, tiefschwarze Beeren. Roh schmecken sie nach einem herben, unreifen Apfel. Ursprünglich stammt die Apfelbeere aus Ostasien und wird dort auch als Heilpflanze verwendet. Apfelbeeren enthal-

ten großen Mengen Anthozyane, sekundäre Pflanzeninhaltsstoffe, die im Körper freie Radikale neutralisieren. Setze zur besseren Befruchtung immer zwei verschiedene Sorten.

» *Ernte:* Pflücke ab Mitte August die Beeren einzeln vom Strauch. Achtung: Nicht den Erntezeitpunkt verpassen, denn auch Amseln lieben Apfelbeeren.

» *Verwendung:* Apfelbeeren sind Bestandteil von vielen Säften, sie verleihen ihnen eine schöne, ansprechende Farbe. Verwende sie getrocknet fürs Müsli oder verarbeite sie zu Saft, Konfitüre oder Gelee.

Felsenbirne

Der schlanke, 2–3 Meter hohe Strauch trägt kleine, sehr süße rotschwarze Früchte. Diese sind bei Vögeln sehr beliebt, es heißt also schnell sein bei der Ernte.

» *Ernte:* Pflücke die Beeren einzeln von den biegsamen Ästen.

» *Verwendung:* Felsenbirnen kannst du roh naschen oder (getrocknet) ins Müsli geben.

Schwarzer Holunder

Das wohl bekannteste Wildobst wird ungeschnitten einige Meter hoch und fühlt sich in wärmeren klimatischen Lagen wohl. Seine schwarzen Beeren sind roh genossen giftig und verursachen Übelkeit. Beim Erhitzen zerfällt der Sambunigrin genannte Giftstoff.

» *Ernte:* Schneide die Blüten in ganzen Dolden, die Beeren pflückst du einzeln.

» *Verwendung:* Die Blüten schmecken als Saft, Gelee oder als Süßspeise im Backteig, die Beeren machst du als Saft, Marmelade oder Likör haltbar.

Kornelkirsche

Die länglichen, leuchtend roten Früchte erinnern an Kirschen und geben der – in Österreich – Dirndl genannten Pflanze ihren Namen. Die Kornelkirsche erfreut dich und viele nützliche Insekten bereits ab Ende Februar mit zahlreichen gelb leuchtenden Blüten.

Zur Bestäubung braucht die Kornelkirsche zwei verschiedene Sorten.

» *Ernte:* Die Früchte sind vollreif, wenn sie weich werden. Sie fallen dir bei der Ernte in die Hand, wenn du sie nur leicht berührst.

» *Verwendung:* Verarbeite die Kornelkirschen zu Konfitüre, Fruchtaufstrich, Gelee, Chutney, Likör und Schnaps.

Mispel

Die nahrhafte, sehr süße Frucht war im Mittelalter eine vitaminreiche Nahrungsquelle und wurde daher in fast jedem Garten angebaut. Später verlor sie aufgrund der etwas umständlichen Verwertung ihre Bedeutung und wilderte aus. Heute wird sie wieder angebaut und ist mit ihren leuchtend weißen Blüten im Mai und den golfballgroßen Früchten ein Blickfang im Garten.

» *Ernte:* Die Frucht ist genussreif, wenn sie einmal durchgefroren ist. Die Ernte beginnt also meist erst im November oder Dezember.

» *Verwendung:* Du kannst die Mispeln zu Mus und Marmelade einkochen. Besonders gut schmecken sie gemischt mit Äpfeln und Orangen, als Likör oder Schnaps und gebraten zu Fleischgerichten.

Sanddorn

An den Küsten der Nord- und Ostsee wächst er wild, sogar auf Sanddünen. Sanddorn ist eine anspruchslose Pflanze, er bevorzugt kiesige und sandige Böden, gedeiht aber auch auf nicht zu schweren, lehmigen Böden. Wie der Name verrät, ist die Pflanze reichlich mit Dornen bestückt und darum ein beliebtes Nistgehölz für Vögel. Seine kleinen orangefarbenen Früchte sitzen dicht am Strauch und schmecken sauer – darum wird Sanddorn auch als Zitrone des Nordens bezeichnet. Für die Befruchtung braucht es eine männliche für 5–10 weibliche Sträucher.

» *Ernte:* Die Ernte gestaltet sich etwas mühsam, verwende Handschuhe, damit du dich nicht stichst.
» *Verwendung:* Sanddorn schmeckt als Sirup, Saft, Tee, Brotaufstrich und in Fruchtschnitten.

FUTTER, SPIELPLATZ, HOME SWEET HOME: FÜR ALLE, DIE SCHWIRREN, BRUMMEN, FLATTERN UND KRIECHEN

Ihre job description ist vielfältig: Musikant, Totengräber, Reinigungsdienst, Filmstar und Fotomodell, Kammerjäger, Befruchter, Düngerproduzent und oft auch Futtermittel. Noch dazu arbeiten deine tierischen Mitarbeiter ehrenamtlich in deinem Garten. Alles, was sie dazu brauchen: ein gemütliches Plätzchen zum Wohnen, Essen, Wohlfühlen und Überwintern. Dann ziehen Igel, Eidechsen, Vögel, nützliche Insekten und andere Tiere gern bei dir ein.

Das Bienenbuffet ist eröffnet.

BUNT, BUNTER AM BUNTESTEN

Eine bunte Blütenpracht ernährt Bienen, Hummeln, Schwebfliegen und andere Insekten. Frühe Futterquellen sind blühende Obst- und Wildobstgehölze, z.B. Kornelkirschen, Marillen (Aprikosen), Äpfel, Birnen, Kirschen. Später blühende Pflanzen ernähren Bienen und Co. in den Sommermonaten und passen als Bauerngartenpflanzen in dein Gemüsebeet. Besonders beliebte Bienenblumen sind:

Akelei	Lavendel	Stockrose
Alant	Malve	Storchschnabel
Borretsch	Margarite	Salbei-Arten
Fetthenne	Ringelblume	Skabiose
Glockenblume	Schafgarbe	
Königskerze	Sonnenblume	

WILDE GARTENINSEL

Ein ungemähter Fleck im Garten ist ein Paradies für Schmetterlinge, Bienen, Hummeln und andere nützliche Insekten. In kurzer Zeit siedeln sich nahrhafte Wildblumen und Wildkräuter wie Beinwell, Distel, Schafgarbe, Löwenzahn, Brennnessel, Taubnessel, Mohn, Kornblume, Margarite, Schöllkraut, Wilde Möhre, Wiesen-Salbei oder Blauer Natternkopf an.

Die wilde Insel passt gut unter Obstbäume, neben den Kompost, in eine Gartenecke oder einfach mitten in den Garten.

Tipp: Säe für eine besonders bunte Insel eine fertige Wildblumen-Mischung aus.

CHAOS? NEIN: LEBENSRAUM!

Blüten- und Staudenreste im Herbst, Fallobst am Boden, ein Asthaufen in der Gartenecke oder Laub unter Bäumen. Das alles ist Futter, Kälteschutz, Brutstätte und Lebensraum. Beim sauberen „Aufräumen" im Herbst werden leider die meisten Tiere ebenfalls „weggeräumt". Denn sie schlüpfen unter Pflanzen(reste), um vor Frost und Kälte geschützt zu sein. Marienkäfer und Florfliegen überwintern unter Laub, Baumrinden und anderen Pflanzenrückständen. Der Igel verkriecht sich gern unter einem Haufen aus Laub und Ästen, und Vögel nutzen Fallobst als willkommenes Winterfutter.

Stachelig trifft kuschelig.

Hohle Stängel und Blütenreste sind nicht nur Kälteschutz, sondern auch eine Brutstätte für Wildbienen. Sie legen ihre Eier einzeln oder in Gruppen in die Hohlräume und verschließen diese mit einem lehmartigen Gemisch. Im zeitigen Frühjahr des Folgejahres schlüpfen die jungen Wildbienen und beginnen, während sie auf der Suche nach Futter sind, sofort mit der Bestäubung von Obst- und Gemüsepflanzen.

Die verdorrte Sonnenblume bietet über den Winter Futter für Vögel.

WÄRMEINSEL AUS HOLZ UND STEIN

Baue aus abgestorbenen Ästen, Zweigen und Steinen einen ca. 50–60 cm hohen Haufen. Achte darauf, dass ausreichend Hohlräume entstehen, die den Einzug für die Tiere erleichtern. Dein Haufen wird rasch von Käfern, Eidechsen und mit etwas Glück sogar von einem Igel besiedelt. Die Käfer bohren Löcher in die Äste und legen ihre Larven darin ab. Sind diese geschlüpft, nutzen Wildbienen die Hohlräume für ihre Brut. Eidechsen und Blindschleichen wärmen sich bei Sonnenschein an den Steinen. Vögel nutzen den Totholzhaufen als Futterstelle und wühlen nach Käfern und anderen Insekten.

INSEKTENHOTEL: WOHNUNG, GEBURTSKLINIK, KÄLTESCHUTZ

Das Insektenhotel ahmt auf kleinem Raum die Natur nach und lockt viele verschiedene Insekten an. Stelle oder hänge es an einen warmen, vor Wind und Regen geschützten Platz, z. B. an eine Hauswand. Das Insektenhotel passt in jeden Garten oder auf den Balkon. Mit der Befüllung der einzelnen Quartiere bestimmst du sogar, wer in dein Hotel einzieht:

Hohle und gefüllte Stängel, angebohrte Holzblöcke

Wildbienen nutzen die Hohlräume für ihre Brut. Verwende Bambusabschnitte oder kurz geschnittene Zweige von Holunder, Forsythie, Himbeere oder Brombeere. Bereits vorgebohrte Holzblöcke sind ebenso eine willkommene Geburtsstation. Achte darauf, dass die Hohlräume gut geschliffen sind, damit sich die Insekten nicht an den Flügeln verletzten.

Ziegel

angebohrt oder mit kleinen Hohlräumen. Die rote Farbe ist ein Magnet für erwachsene Florfliegen, die sich über ein warmes Zimmer freuen.

Holzwolle und Stroh

bieten Wärme und Unterschlupf für Marienkäfer, Florfliegen, Schwebfliegen, Schlupfwespen, Ohrwürmer und andere nützliche Insekten. Der Ohrwurm brütet sogar darin.

Laub und Zapfen

sind ein willkommenes Quartier für Marienkäfer, Schlupfwespen und andere Insekten. Auch Käfer verkriechen sich gern unter Laub oder in den Taschen von Tannen- oder Fichtenzapfen.

Dünne Zweige

dienen als trockene Unterkunft für Schmetterlinge an kalten und feuchten Tagen.

SCHAUFEL RAUS UND LOS: HAUFENWEISE FANTASTISCHE BEISPIELPLÄNE FÜR DEIN PHÄNOMENALES ERNTEBEET

Du machst gern dein eigenes Ding und liebst Inspiration für dein persönliches Projekt?
Dann bist du hier genau richtig. Hier findest du nämlich die Bausteine, aus denen du deinen
Lieblingsgarten zusammenstellen kannst. Du wählst einfach genau das aus, was zu dir,
deinen Wünschen, deiner Garten- oder Anbaufläche und deiner Motivation passt.
Du bekommst also keine kompletten und fixfertigen Gartenpläne – denn dein Fleckchen Grün
ist einzigartig und soll es auch bleiben. Stattdessen findest du die praktischsten Ideen und
Anbauvorschläge, die in die unterschiedlichsten Gärten – ob voll geerdet
oder ziemlich abgehoben auf deinen Balkon – passen.

BEPFLANZE EIN GELÄNDER

Auf dem Balkon oder auf der Terrasse deines Hauses – ein Geländer ist überall vorhanden. Mit klassischen Blumenkästen, Ampeln, Pflanztaschen oder Pflanzwänden nutzt du das Geländer als gar nicht so kleine Pflanzfläche.

Blumenkästen

Der Klassiker für ein Geländer ist und bleibt der Blumenkasten. Blumenkästen gibt es in unterschiedlichen Längen von 30–90 cm, ihre Tiefe beträgt ca. 15 cm. Am Geländer montierst du sie mit verschiedenen Blumenkastenhalterungen, je nach System zum Schrauben, einfachem Aufhängen oder sogar zum Kleben. Die meisten Blumenkästen sind mit einfachen Abflusslöchern ausgestattet, du bekommst aber auch Modelle mit integrierten Untersetzern und sogar Wasserstandsanzeigern.

Tipp:
Verwende einen (intergrierten) Untersetzer, um beim Gießen nicht regelmäßig den darunterliegenden Balkon zu fluten.

Aufgrund der geringen Tiefe gedeihen im Blumenkasten vor allem flach wurzelnde Pflanzen wie Salate oder Kräuter.

Achtung:
Dünge regelmäßig, da die in der Pflanzerde vorhandenen Nährstoffe rasch aufgebraucht sind.

Trotz des geringen Raums ist auch aus den kleinen Blumenkästchen eine abwechslungsreiche Ernte möglich. Die folgenden Beispiele zeigen dir, wie unterschiedlich du deine Balkonkistchen bepflanzen kannst. Die Blumenkästen in den Beispielen sind 60 cm lang, 15 cm breit und 15 cm tief.

Unspektakulär gut: Salatkistchen klassisch

Für die Versorgung mit frischem Salat ist der Blumenkasten ideal – auch als zusätzliches „Beet" in Hausnähe. Baue Pflücksalate an und ernte je nach Bedarf immer nur die äußeren Blätter, das Pflanzenherz bleibt stehen. Das Herz bildet laufend neue Blätter für eine regelmäßige Ernte. Roter und grüner Pflücksalat, dazu knackige Radieschen – fertig ist der bunte Frühlingssalat.

Fenster auf, hallo Italien: Salatkistchen mediterran

Du magst es lieber sommerlich? Rucola auf die Pasta, die typische italienische Salatmischung ‚Misticanza' und zum Aufpeppen die roten Blätter der Melde?

Ernte alle Salate wie Pflücksalate, dann treiben auch sie nach. Verwende von Rucola die Sorte ‚Wilde Rauke', sie ist ausdauernd und liefert stetig frische Blätter.

Taufrisch durch den Winter: Salatkistchen frostfest

Im Winter ist der Anbau von Salat im Blumenkasten besonders praktisch. Ein kurzer Gang auf den Balkon oder die Terrasse genügt für das frische Grün aus dem Schnee. Die Asia-Salatmischung ‚Oriental Mix', Winterportulak und Feldsalat sind extrem frostfest und kommen auch mit Temperaturen bis zu –20 °C zurecht. Ein einfacher Schutz mit einem Vlies tut ihnen trotzdem gut. Ernte Asia-Salat wie Pflücksalat, Winterportulak schneidest du mit einem scharfen Messer – er treibt bis zu 5 x nach. Lediglich Feldsalat ist nach der Ernte verschwunden – und aufgegessen!

Superdrinks & BBQ: Kräuterkistchen sommerlich

Das Sommerfeeling wächst auf deinem Balkon. Ganz klar: Beim klassischen italienischen Basilikum ‚Genovese' knipst sich sofort das Gedankenkino an … Italien, Pasta, Meer. Aber: Es gibt es noch spannende andere Sorten zu entdecken. Probiere doch mal Thaibasilikum, das rotblättrige Basilikum ‚Rosso', Zimtbasilikum oder Zitronenbasilikum.

Tipp:
Basilikum ist eine Diva. Ernte jeweils die Triebspitzen direkt über 2 Blättern, von hier verzweigt sich das Basilikum und wächst weiter. Einzelne Blätter abzupfen geht gar nicht – das zarte Pflänzchen verliert alle Kraft und geht ein.

Wenn du es gern fruchtig magst, ist Ananassalbei sicher was für dich. Er ist – im Gegensatz zum klassischen Salbei – nicht frostfest. Seine Blätter schmecken tatsächlich nach frischer Ananas, sie pimpen Getränke ebenso wie Salate, Desserts oder asiatische Gerichte.

Besonders erfrischend? Die Blätter der Zitronenmelisse. Sie enthalten ätherische Öle, beim Zerreiben strömt dir der typische Zitronenduft entgegen. Zitronenmelisse ist mehrjährig, aber empfindlich beim ersten Einsetzen. Während der Wurzelstock überdauert, erfrieren die Blätter rasch. Bei angenehm warmen Temperaturen wuchert die Zitronenmelisse. Ernte daher regelmäßig, damit die Nachbarpflanzen noch genug Platz haben. Verwende die Blätter für Getränke, als Sirup, für Desserts oder als Tee.

Achtung:
Basilikum, Ananassalbei und Zitronenmelisse dürfen erst nach den Eisheiligen ins Freie. Alle drei sind frostempfindlich.

Vitamine? Go! Kräuterkistchen winterlich

Auch im Winter musst du nicht auf frische Kräuter verzichten. Erstaunlich viele Kräuter und Gewürze sind winterhart. Dazu versorgen sie dich mit stärkenden Vitaminen und helfen als Tees bei Erkältungen und Husten.

Winterheckenzwiebel ist eine mehrjährige, sehr frostharte Zwiebelart, von der du die Schlotten, also die röhrenförmigen Blätter, erntest. Die Blätter treiben rasch nach. Verwende die in Ringe geschnittenen Schlotten wie Schnittlauch, also aufs Brot, für Suppen oder Salate.

Tipp:
Schneide immer nur einen Teil der Schlotten in ca. 5 cm Höhe ab, um die Pflanze nicht zu schwächen.

Thymian und Salbei sind die idealen Küchenkräuter für den Winter. Sie passen zu Fleisch,- Fisch- und Gemüsegerichten. Von Bedeutung ist ihre Heilwirkung. Ein Tee aus Thymianblättern lindert Husten, Salbeitee verwendest du bei Halsschmerzen – zum Trinken und Gurgeln.

Beide Kräuter sind ausdauernd und winterhart. Ernte an milden Wintertagen, denn ein Schnitt bei starkem Frost schwächt die Pflanzen. Salbei- und Thymianblätter lassen sich hervorragend trocken, so kannst du bereits im Sommer einen Vorrat für deine Winterapotheke anlegen.

Snacks vom Balkon: Knabberkistchen

Chili und Paprika gedeihen im Blumenkasten zwar nicht so üppig wie in einem normalen Gartenbeet oder Hochbeet, aber mit regelmäßiger Düngung freust du dich auch auf dem Balkon über knackiges Fruchtgemüse.

Setze in die Mitte des Balkonkistchens Anfang April eine Kohlrabipflanze. Mitte Mai kommen links eine Chili- oder Jalapeño-Pflanze und rechts eine Snack-Paprika, z. B. die Sorte ‚Hamik'.

Den Kohlrabi erntest du Ende Mai oder Anfang Juni. So macht er für die wachsenden Chili- und Paprikapflanzen Platz.

Tipp:
Brich die erste Blüte von Chili und Paprika ab. Danach verzweigen sich die Pflanzen besser und tragen mehr Früchte.

Die Ernte der Früchte beginnt im Juli und dauert bis September.

Blumenkistchen zum Aufessen
Bunt treibst du es mit essbaren Blüten. Sie verzieren jeden Salat, Grillgerichte, Süßspeisen und – eingefroren im Eiswürfel – einen Cocktail.

Die Kapuzinerkresse ist eine üppig wuchernde einjährige Pflanze mit großen, rot, gelb und orangefarben leuchtenden Blüten. Säe oder setze sie ab April. Ihre Blätter enthalten Senföle, die ihnen einen würzig-scharfen Geschmack verleihen. In den Blüten sind die Senföle in geringeren Mengen vorhanden, dadurch schmecken sie weniger scharf. Sogar die Früchte kannst du verwerten, denn eingelegt schmecken sie wie Kapern. Baue im Balkonkistchen eine hängende Sorte an, die entweder über den Balkonrand nach außen oder nach innen wächst.

Borretsch wird auch Gurkenkraut genannt – zu Recht. Seine Blätter schmecken nach Gurken und passen daher feingeschnitten als „Verstärkung" in den Gurkensalat. Die blau-lila Blüten sind essbar. Achtung bei der Ernte: Sie sind auch bei Bienen und Hummeln beliebt. Borretsch ist einjährig, aber unempfindlich. Er darf ab März/April ins Freie.

Die dritten essbaren Blüten im Bunde sind Gewürztagetes. Eigentlich als Zierpflanze bekannt, sind die Blüten dieser speziellen Art (*Tagetes tenuifolia*) essbar. Sie schmecken je nach Sorte nach Mandarine, Orange oder Zitrone.

Achtung:
Tagetes sind frostempfindlich und dürfen erst nach den Eisheiligen, also Mitte Mai, ins Freie.

Pflanzenampeln

Hänge die Pflanzenampeln mithilfe der Hängevorrichtung an das Geländer, z. B. zwischen zwei Blumenkästen. Idealerweise zeigt die Ampel nach innen, so gelangst du besser zu Früchten oder Blättern.

In deine Pflanzenampeln passen hängende Kräuter wie Rosmarin, Kapuzinerkresse, verschiedene Minze-Arten, kriechendes Bohnenkraut, Thymian, Majoran. Für fruchtige Süße sorgen Hängeerdbeeren, und eine Besonderheit sind auf den Kopf gestellte Tomaten.

Schneide dazu ein Loch in den Boden der Hängeampel und setze die Tomatenpflanzen verkehrt herum ein. Fädle Blätter und den Stängel vorsichtig durch das Loch. Gib einen Löffel Langzeitdünger zum Wurzelballen und fülle die Ampel bis zum Rand mit Erde. Gießen, Ampel aufhängen und fertig.

Die Tomatenpflanze wächst kopfüber, biegt ihre Triebe nach oben und trägt reichlich Früchte. Geeignet sind kleinfruchtige Cocktailtomaten, große Früchte werden zu schwer und knicken die Triebe.

Tipp:
Hänge deine Pflanzenampeln alternativ an einen Haken an der Decke oder an eine Wand.

Pflanztaschen

Mit Blumenkästen und Ampeln hast du das Geländer nicht voll ausgenutzt, denn immerhin ist noch auf der vertikalen Ebene – also vom Boden bis zum oberen Rand des Geländers – Platz. Nutze diese für Pflanztaschen, die du mit Laschen oder Schnüren fixierst. Pflanztaschen gibt es aus Kunststoff oder selbst genäht aus verschiedenen anderen Stoffen.

Fülle jede Tasche mit Erde und etwas Startdünger. Da die Taschen mit 12–15 cm nicht allzu tief sind, gedeihen flachwurzelnde Pflanzen darin. Hier siehst du ein Beispiel für die Bepflanzung.

Pflanzeitraum: Mitte März bis Mitte April

Säe in die unterste Reihe in die beiden äußeren Taschen je 2 × 3 Mairüben-Samen. Vereinzle später auf 1–2 Pflanzen, je nach Größe der Tasche. In die beiden mittleren Taschen kommt je 1 Stück Kopfsalat als Jungpflanze.

Setze in die mittlere Reihe Jungpflanzen von 1 × Eisbergsalat, 2 × Kohlrabi und 1 × Romanasalat.

Die oberste Reihe bildet den Abschluss mit 2 Stück Pak Choi und 2 Stück Fenchel.

Tipp:
Hängende Pflanzen passen nicht in die Pflanztasche, sie überwuchern das Gemüse in der darunterliegenden Etage.

Ernte die Pflanzen einzeln, sobald ein Gemüse reif ist. Die frei gewordene Tasche kannst du neu bepflanzen, gib einfach wieder etwas frische Erde und etwas Dünger dazu. In die Pflanztaschen passen auch Rote Bete, verschiedene Asia-Gemüsearten wie z. B. ‚Tatsoi‘, ‚Mizuna‘, ‚Red Giant‘, Kräuter und Stangensellerie.

ERNTE OHNE BODEN

Es gibt viele Flecken, wo deine Pflanzen keinen Erd-Boden unter ihren Füßen haben: auf dem Balkon, auf der Terrasse oder auf befestigten Flächen im Garten, z. B. neben dem Haus oder einer Gartenhütte. Mit Töpfen, Trögen, Pflanzsäcken oder Terrassen- und Stufenbeeten steht auch hier der Ernte von Tomaten, Zucchini, Kartoffeln oder Beeren nichts im Weg. Hier findest du einige Ideen für Gemüse- und Obstanbau auf festem Untergrund.

Töpfe und Tröge

Fruchtgemüse wie Tomaten oder Auberginen benötigen für ihre Wurzeln ausreichend Platz – je höher ein Topf ist, desto besser. Wähle daher Töpfe mit mindestens 40 Liter Volumen je Pflanze. In einen breiteren Trog mit größerem Volumen passen 2 Tomatenpflanzen.

Tipp:
Versorge die Tomatenpflanzen mit einer Stütze, z. B. einem Pflock, oder stelle den Topf zu einem Zaun, an den du die Pflanzen festbinden kannst.

Beerenfrüchte gedeihen in geräumigen Töpfen sehr gut. Züchtungen auf Stämmchen, wie die Rote Johannisbeere, sind nicht nur nett anzusehen, sondern erleichtern auch die Ernte.

Achtung bei der Stachelbeer-Ernte: Die spitzen Dornen können ganz schön stechen. Die Mühe lohnt sich, denn die erfrischenden, leicht säuerlichen Früchte werden nur noch selten und dann sehr teuer angeboten.

Tipp:
Beschwere die Töpfe mit Steinen, damit sie nicht vom Wind umgeblasen werden.

Pflanzsäcke/Kartoffelsäcke

Pflanzsäcke gibt es in unterschiedlichsten Größen und aus verschiedenen Materialien, wie z. B. Kunststoff, Jute oder Kokos.

Vorteil: Pflanzsäcke sind leicht, flexibel und günstig. Nach der Ernte kannst du sie einfach zusammenlegen und fürs nächste Jahr verstauen.

In dem großen Trog mit den Maßen 80 × 80 cm und 35 cm Höhe ist Platz für insgesamt 4 Himbeerpflanzen: je 2 Stück der Sorte ‚Pechts Gigant', eine früh- und reichtragende kirschrote Sorte, und 2 Stück ‚Aroma Queen', eine hellrote Sorte, die von August bis zum ersten Frost Himbeeren liefert. Die Trennwand in der Mitte verhindert, dass die beiden Sorten durcheinanderwachsen.

Gut funktioniert der Anbau von Kartoffeln. Wähle dazu einen 60–70 cm hohen Pflanzsack, den du auf 35 cm umstülpst. Befülle den Sack bis zu einer Höhe von 20 cm mit Erde und lege ab Anfang Mai die vorgekeimten Kartoffeln darauf. Bedecke diese mit Erde. Sobald die ersten Keime sichtbar werden, bedecke diese wieder mit Erde. Das geht so lange, bis der Sack voll ist. Wenn das Laub braun wird, ist es Zeit für die Kartoffelernte. Öffne dazu das Seitenfenster und nimm deine Kartoffeln einfach aus dem Sack.

Terrassenbeet

In ein Terrassenbeet passt schon ein kleiner Gemüsegarten. Das Beet im Beispiel misst 80 × 200 cm und
ist 35 cm hoch. Das Terrassenbeet liegt auf Holzstaf-
feln, damit Gieß- und Regenwasser durch eingebaute
Abflusslöcher besser abläuft.

Tipp:
Gib ganz unten eine dünne Schicht „trockenes" Material
ins Beet, z. B. Blähton oder Zweige. Die Schicht wirkt als
Filter und verhindert, dass die Gemüseerde aus dem Terrassenbeet gespült wird.

Bepflanze das Terrassenbeet Mitte Mai. Setze links
eine Zucchinipflanze – diese nimmt die halbe Fläche
des Beetes ein. Das mag anfangs nach Platzverschwen-
dung aussehen, wird aber bald von dem Zucchino aus-
gefüllt. Säe Buschbohnen neben dem Zucchino in 2 je
35 cm breite Reihen. Lege dazu in jede Reihe 3 Horste

mit jeweils 6–8 Bohnenkernen. Pflanze in die letzte
Reihe 3 Stück Stangensellerie als Jungpflanzen.

Die Ernte beginnt ab Anfang bis Mitte Juli und
dauert bis Ende August/Mitte September.

Ernte die einzelnen Zucchini mit 15–20 cm Länge. Pflücke auch die Bohnen, solange sie noch zart
sind und keine Kerne ausgebildet haben – dann bekommst du den ganzen Sommer über Nachschub.
Schneide vom Stangensellerie jeweils die äußeren
Stangen ab, die inneren bleiben stehen. Auch dieses
Gemüse treibt nach für eine Ernte bis in den Herbst.

Tipp:
Setze als Vorkultur Salate, Radieschen oder Spinat ins
Terrassenbeet. Als Nachkultur eignen sich Feldsalat,
Winterportulak, Pflücksalate oder Asia-Gemüse.

Stufenbeet

Im Beet auf zwei Ebenen steht den Pflanzen mehr Wurzelraum zur Verfügung. Durch eine Trennung der beiden Pflanzräume mit einem Zwischenboden ist es möglich, Gemüse zusammenzusetzen, das sich in der Mischkultur normalerweise nicht so gut „versteht".

Säe in den 1. Stock ab Mitte April Karotten dünn aus und stupfe Steckzwiebeln im Abstand von 8–10 cm in die Erde. In die 2. Etage kommen in die Mitte 3 Kopfsalatpflanzen im Abstand von 25–30 cm.

Setze Mitte Mai unten in die Ecken je 1 Paprika-Jungpflanze, z. B. 1 × Spitzpaprika und 1 × Blockpaprika. Pflanze in der oberen Reihe 2 Stück Gurken an die Ränder. Stelle den Gurken entweder ein Rankgerüst zum Emporklettern zur Verfügung oder lasse sie seitlich vom Beet herabhängen.

Ernte Paprika und Gurken ab Juli regelmäßig bis in den Herbst. Karotten kannst du ab Juni/Juli aus dem Beet ziehen. Setze als Nachkultur Endiviensalat oder Romanasalat. Die Zwiebeln bilden lange röhrenförmige Blätter, die Schlotten. Sobald diese braun werden und umknicken, sind die Zwiebeln reif. Entferne nach der Ernte die Blätter und lasse die Zwiebeln bei Sonnenschein einige Tage trocknen, dann sind sie besser lagerbar. Nach den Zwiebeln ist Platz für verschiedene Wintersalate.

Den Salat im 2. Stock erntest du bereits im Juni. Danach passen noch viele Gemüsearten ins Beet, z. B. Kohlrabi, Sommersalat, Bohnen, Petersilie, Rote Bete, Mangold und Herbstkarotten.

LASS ERDBEEREN UND ASIA-GEMÜSE DIE WÄNDE RAUFWACHSEN

Nutze Hauswand, Gartenmauer oder die Wand einer Gerätehütte als Anbaufläche für Obst und Gemüse. Die Bepflanzung der senkrechten Ebene ist nicht nur eine fantastische Erweiterung deiner Beete. In Zeiten des Klimawandels haben Pflanzen an Wänden eine zusätzliche Bedeutung: sie kühlen! Durch Beschattung und Verdunstung wirken sie wie eine energiefreie Klimaanlage.

Vertikales Wandsystem

Verschiedene Vertikalsysteme ermöglichen den Anbau entlang ganzer Hauswände – oder zumindest so weit hinauf, wie du noch bequem ernten kannst. Es gibt freistehende Systeme und solche, die du an der Wand festschraubst.

Achtung:
Je höher das Wandsystem ist, desto eher kann es umkippen. Fixiere es sicherheitshalber mit einigen Schrauben an der Wand.

Die vertikale Wand hat eine Höhe von 180 cm und eine Breite von 200 cm, an deiner Hauswand entsteht also ein 3,6 m² großes Beet.

Auf der Skizze siehst du die Bepflanzung im August. Alle vorgeschlagenen Gemüsearten kommen gut mit fallenden Temperaturen im Herbst zurecht und vertragen leichte bis starke Fröste. Für die üppige Ernte im Winter ist gesorgt.

Links und rechts wachsen bereits mehrmals tragende Erdbeeren, z. B. die Sorten ‚Ostara‘ oder ‚Evita‘, die auch im August Früchte liefern.

Setze in die unterste Reihe 3 Stück Eisbergsalat, z. B. die Sorte ‚Grazer Krauthäuptel‘ und 3 Stück Romanasalat (Herbstsorten sind z. B. ‚Toya‘ oder ‚Little Gem‘).

In die 2. Reihe kommen abwechselnd je 3 Stück weißer und roter Chinakohl.

Darüber, in Reihe 3, befinden sich die klassischen Küchenkräuter Schnittlauch, Petersilie und Dill.

Setze für die Herbsternte 6 Stück Mairüben in die 4. Reihe. Die Sorte ‚Snowball‘ bildet schneeweiße Kugeln, die Sorte ‚Di Milano a colletto viola‘ hat eine violette Schale und weißes Fruchtfleisch.

Pflanze in die 5. Reihe 3 Stück Kopfsalat und 3 Stück Pflücksalat. Herbstsorten sind etwa ‚Merveille des quatre saisons‘ oder ‚Ovation‘ (Kopfsalat) und die meisten Pflücksalatsorten (z. B. ‚Venezianer‘).

In die darüberliegenden Reihen 6 und 7 kommen verschiedene Asia-Gemüsearten wie ‚Golden Frills‘, ‚Garnet Giant‘, ‚Mizuna‘, ‚Rouge Metis‘, ‚Grün im Schnee‘ und ‚Purple Waves‘. Die bunten Blätter bringen Abwechslung in den Salat oder die Wokpfanne.

Setze in die 8. Reihe Endiviensalat, Zuckerhut und den Zichoriensalat ‚Catalogna‘. Alle 3 Salate gehören zur Gattung der Zichoriengewächse und sind typische Herbst- bzw. Wintersalate.

Den Abschluss in Reihe 9 bilden Schnittknoblauch, Lauchzwiebeln und Schalotten.

Kletterwand

Verschiedene Gemüse- oder Obstarten streben nach oben und brauchen dafür eine Stütze oder Klettervorrichtung.

Links steht eine Brombeere, die sich an den an der Wand fixierten Drähten emporrankt. In der Mitte schlingen sich die starkwüchsigen Feuerbohnen an den Stangen nach oben. Wichtig: Die Stangen brauchen ein wenig Abstand zur Wand, damit die Bohnen rundum wachsen können. Befestige die Stangen daher mit Abstandhaltern an der Wand, wie sie auch bei der Montage von Spaliergerüsten verwendet werden. Auf der rechten Seite klettern Gurken an der Rankhilfe nach oben.

Spalierobst

Eine sonnige Wand bietet die besten Voraussetzungen für Spalierobst.

An dieser Wand wächst ein Aprikosenbaum, der an den horizontal erzogenen Ästen reichlich Früchte trägt.

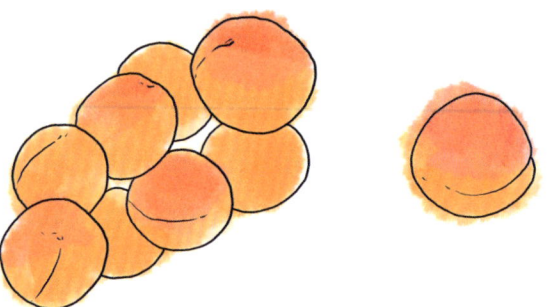

WILDOBST, PUFFBOHNEN UND SNACK-GURKEN: IMMER DEN ZAUN ENTLANG

Die längste Fläche findest du rund um deinen Garten – entlang des Zauns. Schade, dass die Abgrenzung zum Nachbargarten allzu oft mit Thujen oder Kirschlorbeer erfolgt, so geht viel Platz verloren. Verwende deine Gartenumrundung lieber als erweiterten Obst- oder Gemüsegarten.

Säulenobst
Auf gerade einmal 5 Meter bringst du 2 Apfelbäume, 1 Birne, 1 Kirsche und 1 Zwetschge unter. Setze die Bäumchen mit einem Abstand von je 1 Meter. Die Früchte wachsen direkt am Fruchtholz des schmalen Stamms.

Zaun aus Spalierobst
Stelle statt eines Maschendrahtzauns ein freistehendes Spalier als Abgrenzung zum Nachbargrundstück auf. Langlebig sind Steher aus Robinienholz, spanne dazwischen im Abstand von je 20–25 cm ein zugfestes Spalierseil. Die Spalierbäume benötigen einen Abstand von 5 Metern, damit ihre Seitenäste ausreichend Platz haben. Im Bild wachsen entlang der 20 Meter langen Grundstücksgrenze 4 Spalierbäume – je 1 × Apfel, 1 × Birne, 1 × Zwetschge und 1 × Marille (Aprikose).

Wildobsthecke

Weniger Arbeit macht eine Hecke aus Wildobst. Einmal gepflanzt, wächst sie rasch zu einer sommerdichten Hecke heran, die dich mit ihren wilden Früchten erfreut.

Links wachsen 2 Kornelkirschen im Abstand von 1,5 Metern, eine weibliche und eine männliche Pflanze zur Befruchtung. Daneben steht 1 Felsenbirne, auch hier genügen 1,5 Meter Abstand zur Nachbarspflanze. Etwas mehr Platz brauchen 2 Haselnusspflanzen, jeweils 2,5 Meter zum Nachbarn. Die Sorten ‚Rote Lambertsnuss' und ‚Halle'sche Riesen' befruchten sich gegenseitig. Daneben passt noch 1 Mispel im Abstand von 2,5 Metern.

Noch mehr Zaunideen

Auf den beiden vorgezogenen Beeten neben dem Zaun wachsen Puffbohnen und Snack-Gurken in Mischkultur. Ein kleines Spaliergerüst aus einfachen Stehern und Drähten wird von den Gurken als Kletterhilfe genutzt. Dazwischen ist Platz für eine Kartoffelpyramide, in der auf 1 m² Grundfläche in 4 Etagen Kartoffeln angebaut sind. Auf der rechten Seite ist noch Platz für einen Spalier-Apfelbaum.

GESTALTE DEINEN KOMPOSTPLATZ

Wie Kompostierung funktioniert und welche Komposter-Formen es gibt, steht auf Seite 90.
    An dieser Stelle findest du einige Vorschläge, wie du den Kompostplatz in deinen Garten integrieren kannst.

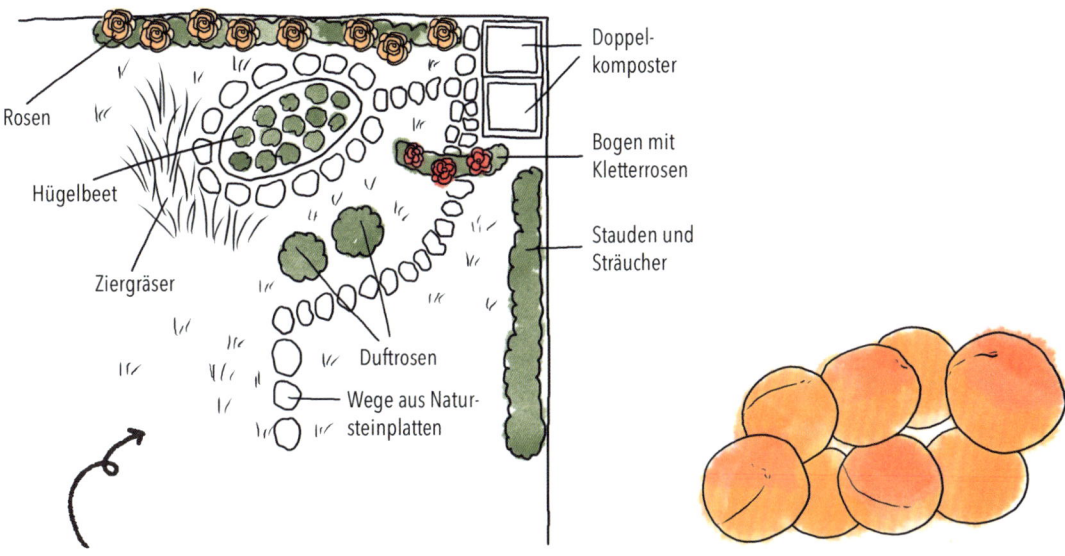

Rosen

Hügelbeet

Ziergräser

Duftrosen

Wege aus Natursteinplatten

Doppelkomposter

Bogen mit Kletterrosen

Stauden und Sträucher

Zum Kompostplatz gelangst du durch einen Rosenbogen – dieser ist ein schöner Eingang und gleichzeitig eine optische Abgrenzung zum Rest des Gartens. Der Doppel-Komposter steht im hinteren Gartenbereich und ist an zwei Seiten von einer Mauer begrenzt.

Entlang der hinteren Mauer ranken sich weitere Rosen. Vor und neben dem Komposter wurden mehrere Trittplatten zur besseren Begehbarkeit verlegt. Die hohen Bäume und Pflanzen vom Nachbargrundstück beschatten den Kompost. Eine Abdeckung schützt vor Laub und Nadeln.

Der große Aprikosenbaum in der Gartenecke ist Schattengeber für den Kompostbereich. 3 einzelne Kompostbehälter sind so angeordnet, dass jeder gut zugänglich ist und zudem genug Platz bleibt, um für die Aprikosenernte eine Leiter aufzustellen.

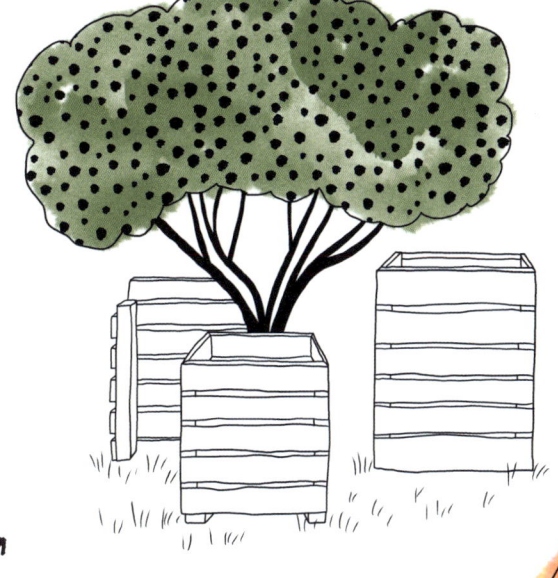

Befülle die beiden Kompostbehälter abwechselnd. In einem Behälter findet also die Kompostierung statt, der andere wird befüllt – der dritte Behälter ist vorn offen und dient zum Sammeln von groben Ästen und Zweigen. Rund um die Komposter wächst trittfester Rasen. Eine kleine Fläche neben den Kompostbehältern bietet Platz, um Schubkarren oder ein Kompostsieb abzustellen.

In einem größeren Garten fällt mehr Material an, darum müssen auch der Kompost- und Sammelplatz größer sein.

Hinter dem Kompostbereich befinden sich mehrere Wildsträucher, wie Haselnüsse, Holunder und Kornelkirschen, die ausreichend Schatten werfen. Auf der linken Seite wird der Kompost von der Gartenhütte begrenzt. Direkt neben der Hütte stehen mehrere alte Weinfässer für die Zubereitung von Jauchen.

Damit du mit deinen Schuhen nicht im Schlamm versinkst, sind neben den Fässern einige Trittplatten verlegt. Anschließend folgt der große Sammelplatz.

Sammle hier Strauchschnitt, Grasschnitt und Laub und verwende die Materialien später zum ordentlichen Aufsetzen des Komposts oder für die Anlage eines Hügel- oder Hochbeetes.

Der Bereich für die Kompostierung ist locker von zwei stufenförmig aufgebauten, kleinen Ziegelmauern begrenzt. Auf jeder Seite ist ein Kompostplatz – einer im Prozess oder fertig zur Entnahme, der andere frisch aufgesetzt. Einige Trittplatten trennen die beiden Bereiche, damit du dich gut zurechtfindest.

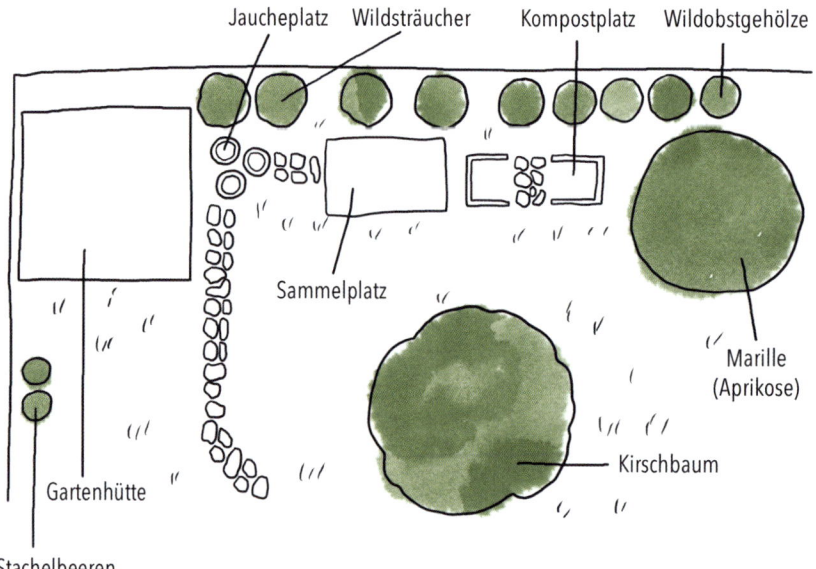

BEPFLANZE EIN HÜGELBEET

Über den genauen Aufbau und die Vorteile eines Hügelbeetes hast du auf Seite 42 gelesen. Ein Hügelbeet erhöht die Anbaufläche im Vergleich zur Grundfläche um das 2–2,5-Fache. Durch den hügeligen Aufbau dürfen die Pflanzen etwas enger gepflanzt werden als auf ebener Erde.

Das Hügelbeet ist 200 cm lang und 120 cm breit. Starte im April mit der Bepflanzung des oberen abgeflachten Teils und des 1. Rings. Setze ganz oben auf einer Länge von 80 cm 6 Stück Lauch im Abstand von jeweils 15 cm. Säe im Abstand von 20 cm auf den ersten Ring Karotten dünn aus.

Tipp:
Karotten brauchen lange zum Keimen, manchmal bis zu 4 Wochen. Mische Dillsamen dazu und säe das Saatgut gemeinsam aus. Dill keimt schnell und markiert die Karottenreihe.

Vereinzle die Karotten etwa 2–3 Wochen nach der Keimung. Jede Pflanze sollte rundum 3–4 cm Platz haben, damit sie eine schöne Wurzel bildet.

Mitte Mai kommen 6 Stück Tomaten-Jungpflanzen auf die noch frei gebliebene Fläche. Stecke vor der Pflanzung Pflöcke oder Tomatenstangen in das Hügelbeet, du brauchst sie später, um die Tomaten daran festzubinden. Lass ausreichend Abstand zwischen den einzelnen Tomaten und pflanze dazwischen – jeweils etwas nach oben versetzt – abwechselnd je 3 Weiß- und Rotkohlpflanzen.

Die Ernte der Karotten beginnt im Juni und dauert bis etwa Mitte/Ende Juli. Ziehe je nach Bedarf die Karotten aus der Erde.

Ab Juli brauchen Tomaten und Kohl mehr Platz und breiten sich auf die frei gewordene Karottenfläche aus.

Ab Juli/Anfang August beginnt die Ernte der Tomaten.

Tipp:
Entferne bei den Tomaten die unteren Blätter, dann stecken die Pflanzen mehr Energie in die Fruchtreife und werden rascher rot (oder gelb oder orange oder violett – je nach Sorte).

Die Tomatenernte dauert je nach Region und Witterung bis September/Oktober.

Beim Weiß- und Rotkohl wachsen die Blätter zuerst rosettenartig, erst später entwickeln sie den typischen Kopf. Beide Gemüsearten vertragen leichte Fröste, ernte sie einfach nach Bedarf bis Dezember.

Vollkommen frosthart ist Lauch, ihm kann auch Eis und Schnee nichts anhaben. Ernte ihn spätestens bis März des Folgejahres, denn dann beginnt er zu blühen und wird ungenießbar.

Diese Bepflanzung passt auf ein frisch aufgesetztes Hügelbeet.

» Vorkulturen vor Tomaten und Kohl: Salate, Radieschen, Spinat und Rucola.

IM HOCHBEET WÄCHST EINFACH ALLES

Mindestens genauso ertragreich, aber bequemer als ein Hügelbeet, ist das Hochbeet. Du kannst es vom Frühling bis zum Winter bepflanzen und dich über 3–4 Erntedurchgänge im Jahr freuen. Durch die dämmende Wirkung der Hochbeet-Wand und zusätzlichen Kälteschutz (z. B. Vlies, Frühbeet-Aufsatz – Seite 50) startest du im ausklingenden Winter mit dem Anbau und pflückst bis dahin das letzte Wintergemüse aus dem Hochbeet.

Dein frisch aufgesetztes Hochbeet strotzt nur so vor Nährstoffen. Jetzt gehören Gemüse mit hohem Nährstoffbedarf, also Starkzehrer, ins Hochbeet. Im Verlauf der Jahre sinkt der Nährstoffgehalt im Hochbeet, optimale Bedingungen für Gemüsearten mit mittlerem oder geringem Nährstoffbedarf (Mittel- und Schwachzehrer).

Eine Anbauidee für das erste Jahr im Hochbeet zeigt dir das erste Beispiel. Im zweiten Muster-Hochbeet siehst du einen Bepflanzungsvorschlag für das dritte Hochbeet-Jahr. Dazu gibt's Tipps für Vor- und Nachkulturen für weitere Erntedurchgänge.

Die Muster-Hochbeete sind 100 x 200 cm groß. Passe die Pflanzmenge bei anderen Maßen einfach an.

Dein Hochbeet im 1. Jahr

Lege Mitte April Mangold-Samen im Abstand von 3–4 cm in 2 je 30 cm breite Reihen in der Mitte des Hochbeets, wie auf der Skizze ersichtlich. Setze in die letzte Reihe 4 Stück Kohlrabi-Jungpflanzen im Abstand von 25 cm. Auch die Reihe ist 25 cm breit.

Mitte Mai kommen die kälteempfindlichen Pflanzen an die Reihe. Pflanze am Rand je 2 Melonen, z. B. die Wassermelonensorte ‚Sugar Baby'. Die handballgroße Frucht hat ein rotes, kompaktes, angenehm süßes Fruchtfleisch und wird ca. 1–2 kg schwer.

Setze neben die Melonen 4 Basilikum-Pflanzen. Mit seinen Blüten lockt das Basilikum zahlreiche Hummeln und Bienen an, die bei ihrem Besuch gleichzeitig die Melonen befruchten. Basilikum benötigt eine 25 cm breite Reihe.

Zwischen Mangold und Kohlrabi ist noch Platz für 3 Knollensellerie-Jungpflanzen. Wenn du die Jungpflanzen selbst vorziehen möchtest, musst du rechtzeitig – also im Februar bis März – beginnen, denn sie haben eine lange Entwicklungszeit.

Mangold und Kohlrabi hast du als Erstes gesetzt, sie sind auch deine erste Ernte. Ziehe ab Juni die fertigen Kohlrabi aus dem Hochbeet. Ebenso im Juni beginnt die Mangolderte. Zupfe hier jeweils nur die äußeren Blätter ab und lasse das Herz stehen. Mangold treibt bis in den späten Herbst stetig nach.

Pflücke von Basilikum, je nach Größe der Pflanzen, die Triebspitzen über einem Blattpaar ab, von dort verzweigt es sich erneut und wächst buschiger und kompakter.

Die ersten Melonen werden Ende Juli/Mitte August reif. Die Reife erkennst du am braun werdenden Strunk, der die Frucht mit dem Trieb verbindet.

Sellerie darf bis in den späten Herbst im Beet bleiben. Decke ihn mit Laub ab, dann können ihm auch die ersten Fröste nichts anhaben.

Dein Hochbeet im 3. Jahr

Beginne mit dem Anbau im Frühling, sobald es die Witterung zulässt. Das ist meist Anfang bis Mitte März.

Lass die erste Reihe im Hochbeet frei und beginne mit der Aussaat von Rettich. Die Rettichreihe ist 25 cm breit, lege die Samen sehr dünn in die Erde. Säe anschließend Pastinakensamen dünn in 2 je 35 cm breite Reihen, wie auf der Skizze dargestellt. Danach kommen 7 Stück Lauch-Jungpflanzen im Abstand von 15 cm auf 25 cm Platz.

Auf den Lauch folgen je 2 Kopfsalat- und 2 Eisbergsalat-Jungpflanzen – ihre Reihe ist 30 cm breit.

Ende März dürfen die Samen der Roten Bete und der Mairüben auf die noch leeren Plätze. Lege von Roter Bete alle 3–4 cm ein Samenkorn in die Erde, von Mairüben alle 1–2 cm.

Wenn die Pflanzen gekeimt sind und bereits einige Blätter haben, geht's ans Auslichten. Das ist notwendig, damit sich das Gemüse nicht gegenseitig im Weg steht und weder Wurzeln noch Knollen ausbilden kann. Entferne beim Auslichten die kleineren Pflanzen und lasse jeweils die kräftigsten stehen. Folgende Abstände sollen entstehen:

» Rote Bete: 10–15 cm
» Rettich: 15–20 cm
» Pastinake: 10–15 cm
» Mairübe: 10 cm

Die Ernte beginnt bereits nach wenigen Wochen, nämlich Anfang/Mitte Mai mit Kopfsalat und Eisbergsalat. Kurz darauf, ab Mitte/Ende Mai, kannst du den Rettich nach Bedarf aus dem Hochbeet holen. Auch die Mairüben sind bald fertig, nämlich im Mai/Juni.

Über die erste Rote Bete freust du dich im Juni/Juli. Hier hast du es bei der Ernte nicht eilig – dieses Gemüse bleibt problemlos bis Herbst und Winter im Hochbeet. Genauso verhält es sich mit dem Lauch. Jede nicht geerntete Stange bleibt als willkommenes Wintergemüse bis ins nächste Jahr erhalten.

Pastinaken brauchen sehr lange, um ihre Wurzeln zu entwickeln. Starte mit der Ernte frühestens im Herbst. Pastinaken sind komplett frostfest – du kannst sie den ganzen Winter hindurch genießen.

Aufgrund des frühen Anbaus sind Vorkulturen nicht möglich. Dafür hast du bei einigen Gemüsearten ausreichend Zeit für Nachkulturen.

Nachkultur:

» Nach Rote Bete (bei Ernte im Sommer): Endiviensalat, Pak Choi, Chinakohl, Asia-Gemüse, späte Kopf- und Pflücksalate

» Nach Rettich: Sommer- und Herbstsalate, ab August Asia-Gemüse

» Nach Lauch (bei Ernte im Sommer): Endiviensalat, Feldsalat, Winterportulak

» Nach Kopf- und Eisbergsalat: mehrere Sätze Salat, z. B. Sommersalat, im Herbst Pflücksalat, Radieschen, Winterrettich, im Herbst Spinat und Asia-Gemüse

» Nach Mairübe: Buschbohnen, Sommersalate, im Herbst Feldsalat, Winterportulak, Wintersalate

UND, TA-DAA! GEMÜSE AUF EBENER ERDE: DAS GEMÜSEBEET

Sie gibt es auch noch: die klassischen Gemüsebeete auf ebener Erde. Du bringst sie bereits auf einem kleinen Fleckchen Grün unter. Voraussetzung ist ein geeigneter Boden. Welche Kriterien der Boden unter den Gemüsefüßen erfüllen muss oder wie du ihn fruchtbar machst, steht ab Seite 36.

Als Faustregel gilt: besser zwei kleine Beete als ein großes. Ein kleines Beet ist einfacher zu bearbeiten und übersichtlicher. Zudem ist bei getrennten Beeten die Bepflanzung mit verschiedenen Gemüsearten einfacher.

Das Gemüsebeet im kleinen Reihenhausgarten

In diesem kleinen Reihenhausgarten wird jedes Fleckchen genutzt. Direkt an die ebenerdige Terrasse schließt der Gemüsegarten an. Die dreiecksförmigen Beete werden durch schmale Wege unterteilt. Der optische Abschluss und eine Trennung zur Straße entstehen durch den Aprikosenbaum, der als Spalier entlang des Gartenzauns wächst.

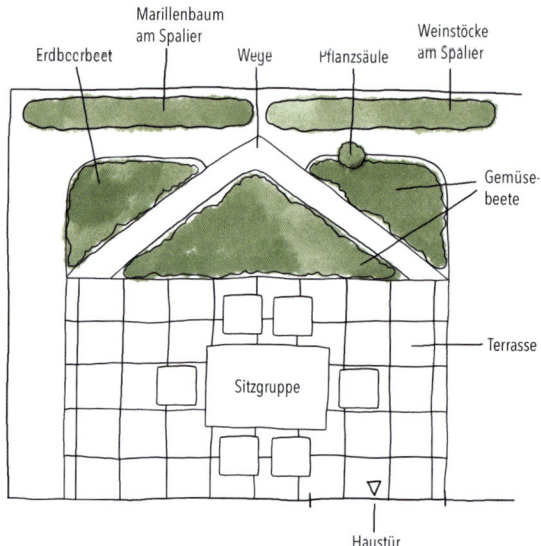

Das Gemüsebeet im Hanggarten

Nicht unbedingt die beste Voraussetzung fürs Gemüsebeet bieten schräge Flächen. Sie sind unbequem zu bearbeiten und bei Regen wird humose Erde nach unten gespült.

Die Lösung sind Terrassen. Mit kleinen Mauern aus Ziegeln, Natursteinen oder einfachen Holzlatten schaffst du ebene Beete. Für das Gemüse haben die Terrassenbeete sogar einige Vorteile. Durch die Anordnung in Stufen bekommen die Pflanzen mehr Licht. Das Stützmaterial wirkt als Sonnenspeicher und gibt nachts Energie an seine Umgebung ab – die Pflanzen profitieren von der wohligen Wärme. Der Vorteil für dich: Verwende niedrige Stützmauern als Sitzgelegenheit, bei höheren Stützmauern kannst du die Beete bequem im Stehen bearbeiten.

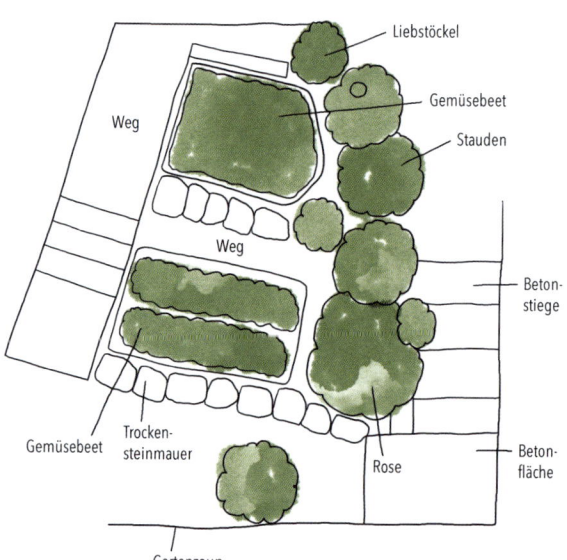

Das lange, schmale Gemüsebeet

In manchen Gärten ist für die Gemüsebeete nur ein schmaler, länglicher Bereich vorhanden, z. B. neben dem Gartenzaun. Ordne wie in der Skizze die Gemüsebeete hintereinander an und trenne sie durch schmale Wege. Begrenze auf der Zaunseite das Gemüsebeet mit einer Beerenhecke, z. B. aus verschiedenen Himbeersorten oder – wenn mehr Platz ist – mit weißen, roten und schwarzen Johannisbeeren, Jostabeeren und Stachelbeeren. Vor den Gemüsebeeten entsteht durch einen Streifen aus mehrjährigen Kräutern wie Salbei, Rosmarin, Thymian und Lavendel ein optisch bezaubernder Eingangsbereich. Am Ende des Gemüsegartens ist noch Platz für den Kompost – gut geschützt und beschattet durch einen Holunderstrauch.

Der Bauerngarten – nicht ganz klassisch

Der klassische Bauerngarten besteht aus vier rechteckigen Gemüsebeeten, die sich um ein zentrales, rundes Beet anordnen. Etwas abgewandelt ist dieser Gemüsegarten im Plan unten.

Links und rechts des breiten Hauptwegs sind je drei 120 cm breite und 200 cm lange Gemüsebeete. In der kreisförmigen Mitte des Hauptweges steht eine Vogeltränke. Die einzelnen Beete sind durch 30 cm breite, längliche Platten voneinander getrennt. Der Gemüsegarten ist auf einer Seite von einer Mauer umrahmt, auf der dornenlose Brombeeren an einem Spalier emporranken. Rechts markiert ein Weinspalier die Grenze zum Nachbargarten. Am Ende des Gemüsegartens steht eine kleine Gartenhütte für die Aufbewahrung von Handwerkzeug, Rechen, Schaufeln und Co.

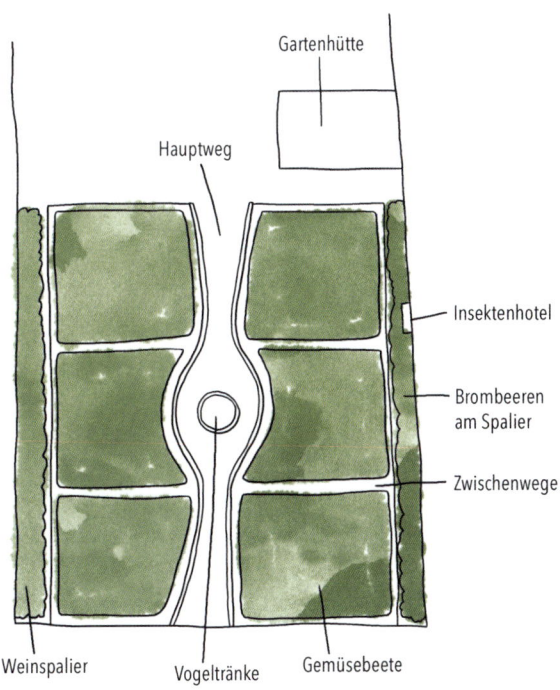

Den Gemüsegarten bepflanzen

Deine Beete sind angelegt, jetzt fehlt nur noch eins: das Gemüse! Mit diesem Anbauplan für einen Gemüsegarten kannst du sofort loslegen.

Der Gemüsegarten im Beispiel besteht aus vier Beeten mit jeweils 120 × 200 cm Größe. Deine Beete sind kleiner oder größer? Dann ändere einfach die Anzahl der Pflanzen.

Wenn dir weniger Beete zur Verfügung stehen, entscheide dich für das Gemüse, das dir am besten schmeckt.

Die Bepflanzung ist so aufeinander abgestimmt, dass das Gemüse im nächsten Jahr einfach weiterwandert – also die Pflanzen von Beet 1 zu Beet 2, von Beet 2 zu Beet 3 usw. Damit bleibt die Bodenfruchtbarkeit erhalten und du freust dich immer über eine tolle Ernte.

Und so geht's:

Beet 1

Pflanzung und Aussaat:

» *Anfang April:* Säe Rote Bete, alle 2–3 cm 1–2 Samenkörner, vereinzle später auf 10 cm; stupfe 12 Steckzwiebeln in die Erde.
» *Mitte Mai:* Setze folgende Jungpflanzen ein: 6 × Gurken, 8 × Stangensellerie.

Ernte:

» *Ab Juni/Juli:* Rote Bete
» *Ab Juli:* Gurken, Stangensellerie – laufend bis in den Herbst
» *Sommer/Herbst:* Zwiebeln, wenn die Schlotten braun werden und umknicken

Vorkultur:

» Spinat vor Gurke und Stangensellerie

Nachkultur:

» Asia-Gemüse nach allen Kulturen

Beet 2

Pflanzung und Aussaat:

» *Mitte/Ende März:* Säe Erbsen, alle 3–4 cm 1 Samenkorn. Stelle den Erbsen ein Rankgitter oder Ranknetz zur Verfügung.
» *Mitte Mai:* Setze folgende Jungpflanzen ein: 1 × Zucchini, 1 × Mais, 2 × Basilikum

Ernte:

» *Ab Juni/Juli:* Erbsen
» *Ab Juli:* Zucchini, Basilikum – laufend bis in den Herbst
» *Ab August/September:* Mais

Beet 3

Pflanzung und Aussaat:

» *Mitte/Ende April:* Setze 3 × Rosenkohl-Jungpflanzen ins Beet.
» *Mitte Mai:* Setze 3 × Tomaten-Jungpflanzen ein. Säe Buschbohnen in Horsten zu je 6–8 Bohnensamen aus. Neben jede Tomatenpflanze passen 4 Horste.

Ernte:

» *Ab Juli:*

Buschbohnen: Pflücke die fertigen Hülsen, so-lange sie noch zart und die Bohnen klein sind. Buschbohnen entwickeln bis September neue Blüten und Hülsen.

Tomaten: Pflücke laufend reife Tomaten bis Ende September/Anfang Oktober.

» *Ab Herbst:* Rosenkohl. Ernte bis in den Winter möglich, Frost macht die Röschen aromatischer.

Vorkultur:

» Salat und Radieschen vor Bohnen und Tomaten

Nachkultur:

» Spinat, Rosenkohl bleibt bis in den Winter stehen

Beet 4

Pflanzung und Aussaat:

» *Ende März:* Säe die Karotten dünn aus und setze je Reihe 10 Lauch-Jungpflanzen. Dünne die Karotten später aus.

» *Mitte Mai:* Setze je 3 × Paprika- und 3 × Chili-Jungpflanzen ein.

Ernte:

» *Ab Juli:*

Karotten: Ziehe sie nach Bedarf aus dem Beet.

Paprika und Chili: Pflücke laufend reife Paprika/Chili bis Ende September/Anfang Oktober.

» *Ab Sommer/Herbst:* Lauch. Ernte ihn nach Be-darf, Lauch kannst du bis Februar/März des Fol-gejahres im Beet belassen, er ist absolut frostfest.

Vorkultur:

» Vor Paprika und Chili: Asia-Gemüse

Nachkultur:

» Nach Karotten: Kohlrabi

» Nach Paprika und Chili: Feldsalat

ÜBER DIE AUTORIN

Doris Kampas ist BOKU-Absolventin und gründete 2007 ihre eigene Gartenfirma bio-garten, die sich auf die Entwicklung und den Vertrieb von nachhaltigen und ökologischen Produkten für den Bio-Garten spezialisiert hat.

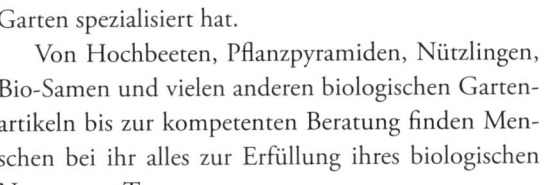

Von Hochbeeten, Pflanzpyramiden, Nützlingen, Bio-Samen und vielen anderen biologischen Gartenartikeln bis zur kompetenten Beratung finden Menschen bei ihr alles zur Erfüllung ihres biologischen Nutzgarten-Traums.

Die Weiterentwicklung von Anbaumethoden und Produkten, die das Gärtnern weniger anstrengend, dafür einfacher und ertragreicher gestalten, machen die Autorin und ihre Firma zur Vorreiterin und anerkannten Expertin.

Ihr Wissen und ihre gesammelten Erfahrungen gibt Doris Kampas gern in Vorträgen und Workshops, in verschiedenen Zeitungen sowie in ihrem bio-garten Ratgeber (www.bio-garten.at) weiter.

Tipps und Tricks für den Bio-Garten, regelmäßige Ratgeber-News oder einfach Erfahrungsaustausch findest du auf meinen Online Kanälen

» www.bio-garten.de
» www.bio-garten.at
» www.facebook.com/biogarten/
» www.instagram.com/biogarten/

Komm in meine Facebook-Gruppe – hier gibt es direkten Erfahrungsaustausch rund ums Anbauen und Ernten:

» www.facebook.com/groups/BioGarten/

Weiters haben am Buch mitgewirkt:

Ruth Veres
ist selbstständige Illustratorin und Grafikerin in Wien. Mit ihren Zeichnungen, Illustrationen und der Gestaltung des gesamten Buches hat sie das phänomenale Erntebeet erst zu dem gemacht, was es ist. Was sich mit Worten schwer beschreiben lässt, hat sie mit scheinbar lockerem Federstrich verständlich und nachvollziehbar gestaltet.

» www.ruthveres.at

Daniel Zangerl und Daniel Pienz
Der Fotograf und sein Assistent fangen mit ihren natürlichen Fotografien die authentische Stimmung und Freude beim Handanlegen und Genießen im Bio-Nutzgarten ein. Daniel Pienz ist zudem das männliche Model im Buch.

» www.danielzangerl.com

Clara Ebenbauer, Anna Wołonkiewicz Dunaj, Nicole Honkisz, Jana Knoblich, Tereza Erler und Adam
Unsere Hobbymodels standen einen ganzen Tag für wunderbare Aufnahmen und euch dauerhaft im Buch zur Verfügung.

Norbert Karner
ist Wirtschaftsinformatiker und begeisterter Hobbyfotograf. Als Ehemann hat er mir nicht nur privat den Rücken freigehalten – auch viele hervorragende Fotos stammen von ihm.

Felix Kampas
stand mir bei der Erstellung der grafischen Vorlagen hilfreich zur Seite und übernahm die Eingabe verschiedener Daten und Listen zur besseren Orientierung im Buch.

DAMIT DEIN GARTEN NICHT ZUM LABYRINTH WIRD: EIN WEGWEISER ZU BEZUGSQUELLEN UND NOCH MEHR INFOS

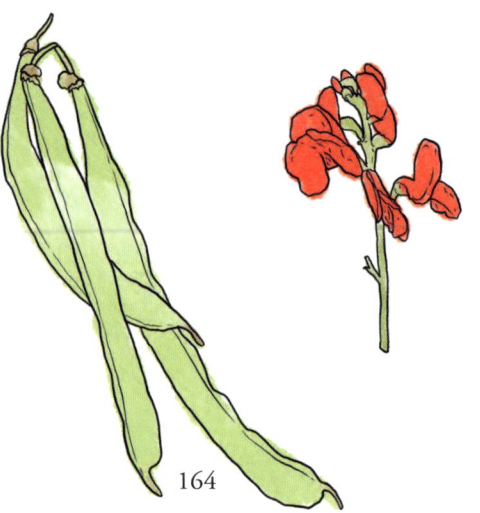

BEZUGSQUELLEN FÜR DEINE ERNTEBEETE

Viele im Buch vorgestellte Produkte wie Hochbeete, Öko-Vliese, Nützlinge, Bio-Samen, Bio-Dünger und mehr findest du im bio-garten Onlineshop von Doris Kampas, inklusive persönlicher Beratung:

bio-garten
» office@bio-garten.at
» www.bio-garten.at
» www.bio-garten.de

BEWÄSSERUNG FÜR HOCHBEETE

bio-garten
» office@bio-garten.at
» www.bio-garten.at

BIO-SAMEN UND JUNGPFLANZEN VON GEMÜSE, KRÄUTERN UND BLUMEN

Österreich

bio-garten:
» www.bio-garten.at

ReinSaat KG:
» www.reinsaat.at

Arche Noah:
» www.arche-noah.at

Samen Maier GmbH:
» www.samen-maier.at

Deutschland

Dreschflegel GbR:
» www.dreschflegel-saatgut.de

Culinaris:
» www.culinaris-saatgut.de

Bingenheimer Saatgut AG:
» www.bingenheimersaatgut.de

Schweiz

Pro Specie Rara:
» www.prospecierara.ch

Sativa:
» www.sativa-rheinau.ch

BIO-ERDEN, BIO-DÜNGER, MISCANTHUS

Österreich

bio-garten:
» www.bio-garten.at

JH Naturrein Biogarten GmbH:
» www.naturrein-bio.at

Deutschland

W. Neudorff GmbH KG:
» www.neudorff.de

ökohum GmbH:
» www.oekohum.info

BIO-GEHÖLZE

SILVA NORTICA:
» www.artner.biobaumschule.at

Biobaumschule Schafnase:
» http://biobaumschule.schafnase.at

HOCHBEETE, TERRASSENBEETE, FRÜHBEET-AUFSÄTZE AUS HOLZ UND ZUBEHÖR

bio-garten:
» www.bio-garten.at

HOCHBEETE AUS GABIONEN

GTI Gitter:
» www.gti-gitter.at

INSEKTENNETZE, KÄLTESCHUTZNETZE, GARTENVLIESE

bio-garten:
» www.bio-garten.at

KOMPOSTWÜRMER, WURMBOX

bio-garten:
» www.bio-garten.at

da Erdwurm:
» www.erdwurm.at

VERMIGRAND Naturprodukte GmbH:
» www.vermigrand.com

NÜTZLINGE, ÖKOLOGISCHE PFLANZENSCHUTZMITTEL, PRAKTISCHE GARTENHILFEN

Österreich

bio-garten:
» www.bio-garten.at

biohelp Garten & Bienen:
» www.garten-bienen.at

Deutschland

W. Neudorff GmbH KG:
» www.neudorff.de

ÖKOLOGISCHE BODENUNTERSUCHUNG

TB Unterfrauner GmbH:
» www.bodenoekologie.com

SPALIERMATERIAL

Fassadengrün e.K.:
» www.fassadengruen.de

SCHAUGARTEN BLUMENGÄRTEN HIRSCHSTETTEN

Besonders ans Herz legen möchte ich dir einen Besuch in den wunderbaren Blumengärten in Hirschstetten in Wien. Unsere Location für unser Fotoshooting bietet viel mehr, als der Name verrät.

Das engagierte Team gestaltet jährlich wechselnde Ausstellungen, einen wunderschönen Weihnachtsmarkt, Messen, Führungen und Kurse. Auf einer Fläche von 60.000 m² finden sich das Palmenhaus, ein Bauernhaus, Themenspielplätze, ein Zoo zur Erhaltung von gefährdeten Tierarten, ein Hochzeitsgarten sowie zahlreiche Themengärten vom Garten der Provence über den TCM- und den Mexikanischen Garten bis hin zum Urzeitgarten.

» www.wien.gv.at/umwelt/parks/blumengaerten-hirschstetten

DIE GARTEN TULLN

Die Garten-Erlebniswelt hat sich seit ihrer Eröffnung im Jahr 2008 zu einem Vorzeigeprojekt in Europa entwickelt. Die konsequent ökologische Pflege der Schaugärten ist mittlerweile beispielgebend für viele Gartenschauen im In- und Ausland. Auf dem gesamten Areal halten sich die Gärtnerinnen und Gärtner streng an die Kriterien von „Natur im Garten".

» www.diegartentulln.at

NOCH MEHR LESESTOFF

VERWENDETE LITERATUR UND QUELLEN

» **Albrecht, Willy (1944):** Grundlagen des Gemüsebaues, Graz

» **Anger, Judith; Friebrig, Immo; Schnyder, Martin (2014):** Jedem sein Grün – Urbane Permakultur-Selbstversorger ohne Garten, Wien

» **Baeumer, Kord (1992):** Allgemeiner Pflanzenbau, 3. Auflage, Stuttgart

» **Barth, Ursula; Krebs, Sonja (2010):** Zauberhafte Gemüsegärten auf Balkon und Terrasse, München

» **Bedlan, Gerhard (2019):** Gemüsekrankheiten, Wien

» **Bruns, Annelore; Bruns, Susanne (2004):** Werkbuch Biogarten-Anleitung zum handwerklichen Arbeiten in Bildern, Staufen bei Freiburg

» **Coleman, Eliot (2014):** Handbuch Wintergärtnerei. Frisches Biogemüse rund ums Jahr, Innsbruck

» **Eipeldauer Anton (1941):** 1000 Gartenfragen – beantwortet von Anton Eipeldauer (Gartenberater), Wien

» **Eipeldauer Anton (1940):** Schreber- und Hausgarten Kultur, Wien

» **Eipeldauer Anton (1943):** Bodenbearbeitung und Düngung – im Gemüsegarten des Selbstversorgers, Wien

» **Franck, Gertrud (1980):** Gesunder Garten durch Mischkultur, München

» **Heistinger, Andrea (2010):** Handbuch Bio-Gemüse. Sortenvielfalt für den eigenen Garten, Innsbruck

» **Heistinger, Andrea (2012):** Handbuch Bio-Balkongarten. Gemüse, Obst und Kräuter auf kleiner Fläche ernten, Innsbruck

» **Heistinger, Andrea (2013):** Das große Biogarten-Buch, Innsbruck

» **Herrmann, Gerald; Plakolm, Gerhard (1993):** Ökologischer Landbau. Grundwissen für die Praxis, Graz

» **Jabbour, Niki (2011):** The year-round vegetable gardener, North Adams

» **Kampas, Doris (2017):** Biogärten gestalten. Das große Planungsbuch, Innsbruck

» **Kampas, Doris (2019):** Das unglaubliche Hochbeet. Ernten bis zum Umfallen, Innsbruck

» **Kampas, Doris (2020):** Das sensationelle Winterhochbeet. Ernten bis zum Abfrieren, Innsbruck

» **Kreuter, Marie-Luise (1989):** So entsteht ein Bio-Garten: für alle, die anfangen und es richtig machen wollen, München, Wien, Zürich

» **Kreuter, Marie-Luise (1997):** 1x1 des Bio-Gärtnerns, München, Wien, Zürich

» **Kreuter, Marie-Luise (2002):** Pflanzenschutz im Biogarten, München

» **Kreuter, Marie-Luise (2004):** Der Bio-Garten, München, Wien, Zürich

» **Massingham Hart, Rhonda (2011):** Vertical Vegetables and Fruit, North Adams

» **Mayer, Johannes Gottfried; Uehleke, Bernhard; Saum, Kilian (2002):** Handbuch der Kloster-Heilkunde, München

» **NÖ Landesregierung, Abteilung für Umweltwirtschaft und Raumordnungsförderung (2001):** Gemüsebau im Hausgarten, Leopoldsdorf

» **Palme, Wolfgang (2016):** Frisches Gemüse im Winter ernten, Innsbruck

DANKE

- » **ReinSaat KG (2022):** Gemüse-, Kräuter- und Blumensaatgut aus biologisch-dynamischem und organisch biologischem Anbau, Sortimentskatalog, St. Leonhard am Hornerwald
- » **Scheub, Ute; Pieplow, Haiko; Schmidt, Hans-Peter (2013):** Terra Preta. Die schwarze Revolution aus dem Regenwald, München
- » **Schnitzer, Arthur (2017):** Schnecken, Innsbruck
- » **Seipel, Holger (2014):** Fachkunde für Gärtner/-innen, Hamburg
- » **Silva Nortica-ARTNER-Waldviertler Baumschulbetrieb (2013):** Sortiments-Katalog 2013/14, Bad Großpertholz
- » **Steinbach, Gunter (1989):** Der biologische Nutzgarten. Gemüse und Obst naturnah angebaut, Herrsching
- » **Strasburger (2002):** Lehrbuch der Botanik, Berlin
- » **Troničkova, Eva (1985):** Gemüse, Hanau/Main
- » **Weinrich, Christa (2003):** Mischkultur im Hobbygarten, Stuttgart
- » **Wirth, Peter (2005):** Der große Gartenplaner – planen, entwerfen, kalkulieren, Stuttgart
- » **Wirth, Peter (2006):** Garten Sitzplätze-Konzeption und Planung, Stuttgart

ONLINE-SEITEN

- » **bio-garten, DI Doris Kampas:**
  www.bio-garten.at
- » **biohelp, Garten und Bienen GmbH:**
  www.garten-bienen.at
- » **Samen-Maier GmbH:**
  https://www.samen-maier.at/

Die Erstellung dieses Buches wäre ohne die Mitwirkung vieler helfender Hände nicht möglich gewesen.

Ein großer Dank gilt dem gesamten Team des Löwenzahn Verlags, das mir immer zur Seite stand. Beginnend von der Konzeption des Buches über die Begleitung während des Schreibprozesses, das Lektorat, die Projektleitung bis hin zur Präsentation und Veröffentlichung. Danke an Katharina Schaller, Christina Kindl-Eisank, Sandra Gründhammer, Julia Scherzer, Katharina Mair, Eva Ganzer und alle anderen tüchtigen Löwenzähne.

Die unglaublich schönen Zeichnungen im phänomenalen Erntebeet stammen von Ruth Veres. Zudem übernahm sie den Entwurf des wunderbaren Coverbildes und die gesamte optische Gestaltung des Buches.

Ein herzlicher Dank gilt Daniel Zangerl, Daniel Pienz und meinen „Models" Clara Ebenbauer, Anna Wołonkiewicz Dunaj, Nicole Honkisz, Tereza Erler und Adam für ihren Einsatz beim Fotoshooting.

Ein großes Danke an das Team der Blumengärten Hirschstetten, die uns den Zugang in ihrem wundervollen Schaugarten in Wien für das Fotoshooting ermöglicht haben und für die vielen Anregungen und Ideen der Nutzgartengestaltung, die auch in diesem Buch Verwendung gefunden haben.

Ein großes Danke auch an meine Kund*innen und Freund*innen, die uns einen Blick in ihre Gärten gewährten und der Veröffentlichung von Fotos zugestimmt bzw. diese zur Verfügung gestellt haben.

Die Zeit für das Schreiben des Buches konnte ich durch die Unterstützung meiner Mitarbeiter*innen finden, die mir in unserem Unternehmen bio-garten den Rücken freigehalten haben.

Last but not least gilt ein großer Dank meiner Familie, die mich bei meinen Vorhaben stets unterstützt.

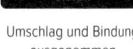

– produziert nach den Richtlinien des Österreichischen Umweltzeichens, Gugler GmbH, UW-Nr. 609, www.gugler.at

Löwenzahn-Bücher werden auf höchstem ökologischen Standard gedruckt, ausschließlich mit Substanzen, die wieder in den biologischen Kreislauf rückgeführt werden können. Cradle to Cradle™-zertifiziert by gugler*, klimapositiv, auf Papier, das in Österreich produziert wurde, und ohne Plastikfolie, die dein Lieblingsbuch unnötig einhüllt – für unsere Umwelt und unsere Zukunft.

1. Auflage
© 2023 by Löwenzahn in der Studienverlag Ges.m.b.H.,
Erlerstraße 10,
A-6020 Innsbruck
E-Mail: loewenzahn@studienverlag.at
Internet: www.loewenzahn.at

Inhaltliche Betreuung: Löwenzahn Verlag/Christina Kindl-Eisank
Konzept: Löwenzahn Verlag/Sandra Gründhammer, Valerie Meller
Lektorat: Löwenzahn Verlag/Christina Kindl-Eisank
Projektleitung: Löwenzahn Verlag/Sandra Gründhammer, Julia Scherzer

Umschlag- und Buchgestaltung, Illustrationen sowie grafische Umsetzung: Ruth Veres, www.ruthveres.at

Fotografien: alle Doris Kampas und das bio-garten Team, außer: biohelp, Garten und Bienen S. 107 rechts, 108 | Daniel Zangerl S. 4–5, 7, 12 links, 14 links, 15, 21, 23, 33, 46 links, 53 rechts, 58 oben, 59 rechts, 71 rechts, 87 oben, 102 rechts, 105 links oben, 113 rechts, 114, 119, 124 links unten, 133, 135, 163, www.danielzangerl.com

Bibliografische Information Der Deutschen Nationalbibliothek

Die Deutsche Nationalbibliothek verzeichnet diese Publikation in der Deutschen Nationalbibliografie; detaillierte bibliografische Daten sind im Internet über <http://dnb.dnb.de> abrufbar.

ISBN 978-3-7066-2968-3